KB200102

관계의 걸림돌 극복하기

관계의 걸림돌 극복하기

지은이 · 이관직
초판 발행 · 2017. 4. 17
7쇄 발행 | 2022. 11. 23
등록번호 · 제1988-000080호
등록된 곳 · 서울특별시 용산구 서빙고로 65길 38
발행처 · 사단법인 두란노서원
영업부 · 2078-3352   FAX 080-749-3705
출판부 · 2078-3331

책 값은 뒤표지에 있습니다.
ISBN 978-89-531-2834-7 03230

편집부에서 독자의 의견을 기다립니다.
tpress@duranno.com   http://www.duranno.com

두란노서원은 바울 사도가 3차 전도 여행 때 에베소에서 성령 받은 제자들을 따로 세워 하나님의 말씀으로 양육하
던 장소입니다. 사도행전 19장 8-20절의 정신에 따라 첫째 목회자를 돕는 사역과 평신도를 훈련시키는 사역, 둘째
세계선교(TIM)와 문서선교(단행본 · 잡지) 사역, 셋째 예수문화 및 경배와 찬양 사역, 그리고 가정 · 상담 사역 등을
감당하고 있습니다. 1980년 12월 22일에 창립된 두란노서원은 주님 오실 때까지 이 사역들을 계속할 것입니다.

나는 왜 관계에 약할까?　　　　　　이관직 지음

관계의 걸림돌 극복하기

두란노

관계를 어렵게 만드는
마음속 걸림돌

정신분석가인 내가 매일 만나는 내담자들은 대부분 대인관계가 불편한 분들이다. 자존감이 낮은 내담자들은 "사람들이 나를 싫어하는 것 같아요"라고 호소한다. 죄책감에 시달리는 내담자들은 "사람들이 내 진짜 모습을 알면 다 침을 뱉고 떠나가 버릴 거예요" 하고 괴로워한다. 인정 중독자들은 "내가 완벽하지 못하고 조금이라도 결함을 보이면 사람들은 나를 경멸할 거예요. 나는 완벽한 사람으로 인정받아야 안심이 되는데 그게 어디 그리 쉬운 일이어야지요" 하며 초조하게 남의 눈치를 살핀다. 마음속에 대인관계를 어렵게 만드는 '걸림돌'을 가진 분들이다.

대인관계가 어려운 사람들은 하나님과 가까워지기도 어렵다. '사람들이 나를 싫어하는 것처럼 하나님도 나 같은 인간이 접근해 오는 것을 싫어하실 거야'라고 생각하기 때문이다. 신앙생활을 10여 년씩 하고 직분도 맡았지만 신앙이 자라지 않는 분들은 관계의 걸림돌을 생각해 봐야 한다.

장애물을 치우면 길이 뚫리고 차가 자유롭게 달릴 수 있다. 대인관계가 원활해지고 자기 소리도 편하게 낼 수 있다. 하나님의 은혜도 감격적으로 받아들일 수 있게 된다. 이관직 교수님이 쓰신《관계의 걸림돌 극복하기》는 대인관계가 불편한 분들에게 도움이 될 것이다. 상담가나 영적 성장을 원하는 분에게도 권하고 싶다.

이무석 정신분석가,《30년 만의 휴식》저자

contents

Chapter 1   미성숙한 성격이 걸림돌이다

"상대를 이해하면 갈등을 줄일 수 있다" 20

Chapter 2   불안이 심하면 관계가 힘들다

"누구나 불안은 있다. 맷집을 키워라" 94

나도 모르게
상처를 주지는 않을까?

사람들로부터 심리적인 거리를 상당히 두면서 사는 이들이 늘고 있다. '혼밥' 또는 '혼술'이라는 단어가 생길 정도로 혼자 밥을 먹거나 술을 마시는 사람들이 많아지고 있다. 취업난을 비롯한 여러 경제적 원인들로 인해 연애와 결혼, 출산을 포기한 젊은이들을 '3포 세대'라고 부른 지도 꽤 되었다. 동서양을 막론하고 당연시되던 결혼을 포기하는 젊은이들이 늘고 있다.

도시화와 산업화는 대인관계에 큰 영향을 끼쳤다. 공동체 중심이며 관계 중심이던 농촌 사회가 개인 중심의 도시화 사회로 바뀐 지도 오래되었다.

더 나아가 전 세계가 인터넷으로 연결됨으로써 이메일, 페이스북, 블로그, 인터넷카페, 카카오톡, 스카이프, 트위터 등 다양한 방식의 대인관계가 자리 잡고 있다. 실시간으로 지구 저편에 있는 사람과도 화면을 보면서 의사소통하는 세상이 되었다. 원하면 언제든지 이와 같은 관계망 안으로 들어갈 수 있다. 그리고 원하면 언제든지 '나가기'를 선택할 수 있다.

지하철 객실 안에선 대부분의 사람들이 스마트폰만 들여다보고 있다. 가족마저 눈을 바라보며 대화하는 시간이 드물어지고, 저녁식사 한 끼조차 함께하지 못하는 가정이 늘고 있다. 사람 냄새가 그리운 시대다.

교회도 예외가 아니라는 현실이 나를 슬프게 한다. '성도의 교제'가 피상적인 수준에 그치는 경우가 대부분이다. 예배 순서 중에 옆자리에 앉은 교인들과 서로 인사하는 순서를 갖기도 하지만 대개 목례 정도로 끝난다. 그렇다 보니 인사하는 순서가 스트레스로 여겨지는 것은 나만의 경험은 아닐 것이다. 예배가 끝난 뒤 순서 중에 인사한 옆자리 사람과 다시 인사하는 경우는 드물다. "성도가 서로 교통하는 것"을 믿는다는 사도신경 구절을 예배 중에 암송하지만 이렇듯 성도의 교제를 실제로 경험하기란 쉽지 않다.

성경과 신학은 유기체적 교회를 가르친다. 그러나 교회들 사이에 또는 지역 교회 내에서 교회의 유기성(organism)을 느끼기는 쉽지 않다.

사회 문화적으로 극심한 변화를 겪고 있는 현대인들의 삶은 그저 생존하고 적응하기에도 버거워 보인다. 성도들도 예외가 아니다. 인·간관계는 피상적이고 자기중심적으로 빠르게 변화하고 있다. 바울 사도가 지적한 말세의 인간상이 오늘날 두드러지게 나타난다: "사람들이 자기를 사랑하며 돈을 사랑하며 자랑하며 교만하며 비방하며 부모를 거역하며 감사하지 아니하며 거룩하지 아니하며 무정하며 원통함을 풀지 아니하며 모함하며 절제하지 못하며 사나우며 선한 것을 좋아하지 아니하며 배신하며 조급하며 자만하며 쾌락을 사랑하기를 하나님 사랑하는 것보다 더하며 경건의 모양은 있으나 경건의 능력은 부인하니…"(딤후 3:2-5).

바울이 묘사한 말세의 인간상을 대변하는 말이 있다면 '자기중심성'(egocentricity)이라 할 것이다. "경건의 모양은 있다"는 표현은 불신자뿐 아니라 믿는 자도 포함한다. 나의 인간관계에서도 바울이 지적한 말세의 인간상이 있음을 고백한다. 내가 날마다 회개해야 할 부분이다. 변화해야 할 부분이다.

이 인간상은 독자인 당신의 모습이기도 하다. 자각해야 한다. 그리고 변화해야 한다. 성경은 나와 당신에게 권면한다: "…이 같은 자들에게서 네가 돌아서라"(딤후 3:5).

우리의 인간관계가 피상적이라는 것은 하나님과의 관계도 예외가 아님을 반증한다. 바쁜 나날을 보내다 보면 인간관계는 물론 하나님과의 관계에서 피상적일 때가 많다. 내가 소속된 신학대학원의 학생들도 상급 학년으로 올라갈수록 지친 모습이 역력하다. 과중한 공부와 사역에 시달리다 보니 인간관계에서나 하나님과의 관계에서나 에너지와 관심이 별로 남아 있지 않은 것이다. 안타까운 일이다.

나는 성도들과 목회자들을 향한 마귀의 전략 중 하나가 일에 지쳐서 탈진하게 만드는 것이라고 생각한다. 탈진의 증상 중 하나는 '비인격화'(depersonalization)다. 일중독적인 일상에서 허우적거리다가 진정한 의미의 관계 경험을 하지 못한다면 영적 전쟁에서 마귀의 전략에 패배한 것이다. 안타깝게도 많은 교인들과 목회자들이 교회 사역이라는 미명하에 진정한 관계 경험을 하지 못하는 것 같다.

삶을 나눌 수 있는 친구가 아쉬운 세상이다. 나 역시 나이가 들수록 친구가 점점 없어지는 것 같다. 바쁜 일상을 지내다 보니 연락이 뜸해지고 전화 목소리조차 나누지 못하면서 주변에서 친구들이 사라지는 느낌이다.

속내를 보여도 부끄럽지 않은 친구를 만나기가 어렵다. 나의 꿈과 환상, 설령 망상조차도 부끄럽지 않게 말할 수 있는 사람을 찾기가 어렵다. "누가 나와 같이 함께 울어 줄 사람 있나요 누가 나와 같이 함께 따뜻한 동행이 될까"라는 유행가 가사는 현대인들의 외로운 심정을 잘 표현하고 있다.

앞에서 언급한 말세인의 모든 증상은 대인관계의 걸림돌(stumbling blocks)이다. 사도 바울이 지적한 증상들은 기독교인들을 포함한 현대인의 모습을 정확하게 묘사한다. 이 모습은 에덴을 떠난 인간의 자화상이다. 특히 현대인의 자화상이다.

말세인의 삶으로 살면 당신은 대인관계에 스스로 걸림돌을 놓게 된다. 그리고 걸림돌인 줄도 모르고 넘어진다. 서로 상처를 주고 상처를 받으면서도 왜 그러는지 이유를 알지 못한다. 걸림돌이라고 인식하지 못하기 때문이다.

배구와 농구를 관전할 때의 묘미 중 하나는 '블로킹'이 성공하는 것을 보는 것이다. 배구의 경우 아무리 강스파이크를 날려도 상대 수비수가 블로킹을 잘하면 오히려 점수를 잃는다. 블로킹을 피하면서 스파이크를 넣는 것이 공격수의 기술이다. 농구의 경우 아무리 멋진 슛을 해도 상대편의 키 큰 선수가 블로킹하면 속수무책이다.

마찬가지로 당신이 대인관계를 위해 기도하며 노력해도 대인관계를 블로킹하는 것이 무엇인지를 파악하지 못하면 건강한 대인관계를 할 수 없다. 그래서 대인관계를 블로킹하는 걸림돌이 무엇인지를 인식하는 것이 중요하다. 걸림돌이 당신에게 있을 수 있다. 또는 상대방에게 있을 수 있다. 둘 다일 수 있다. 더 나아가 보이지 않는 마귀가 걸림돌을 놓을 수도 있다.

치유와 변화의 첫째 단계는 어두움에 빛을 비추는 일이다. 무의식의 영역에 빛을 비추는 것이다. 죄의 영역을 말씀의 빛으로 조명하는 일이다. 즉 인식하고 깨닫는 것이다.

인식하고 깨닫는 데 도움이 되는 다음의 몇 가지 질문을 스스로 던져 보라.

"나의 대인관계는 어떤 상태에 있는가?"
"혹시 나에게는 문제가 없을까?"

"나도 모르게 사람들에게 상처를 주지 않는가?"

"나의 대인관계에서 취약점은 무엇일까?"

"왜 나는 어떤 유형의 사람을 힘들어할까?"

"나의 대인관계에 영향을 미친 크고 작은 원인들은 무엇일까?"

"어떻게 하면 대인관계를 건강하게 할 수 있을까?"

"건강한 대인관계란 어떤 것일까?"

"나의 인생 여정에서 마음을 나눌 수 있는 동반자는 누구일까?"

"나에게 멘토라고 말할 수 있는 사람이 있는가?"

"나의 내면을 볼 수 있게끔 용기 있게 피드백해 주는 사람이 있는가?"

"내가 힘들 때 잠시라도 공감하며 경청해 줄 사람이 있는가?"

"지칠 때 함께 짐을 들어 주며 용기를 북돋워 줄 수 있는 사람이 주변
  에 있는가?"

"성경은 대인관계에 어떤 통찰을 제공할까?"

"대인관계에서 나에게 원하시는 하나님의 선하시고 기뻐하시고 온전
  하신 뜻은 무엇일까?"

"어떻게 구체적으로 이웃을 내 자신처럼 사랑할 수 있을까?"

이와 같은 질문들을 스스로 던지면서 이 책을 읽기 바란다. 당신의

대인관계를 이해하고 진단하며 대안을 모색하면서 구체적인 변화를 위한 한 걸음을 내딛는 데 이 책이 디딤돌 역할을 하길 기대한다.

대인관계에 영향을 끼치는 변수들을 크게 두 가지로 이해할 수 있다. 하나는 개인의 전 인격적인 삶의 변수들이다. 생물학적으로는 유전적인 요인, 호르몬의 변화, 성별, 나이, 신체적 조건이 대인관계에 영향을 끼친다. 심리적으로는 사고 능력, 정서적인 건강성, 현실과 비현실을 구별하는 정신 건강, 충동 조절 능력, 초자아의 발달, 자아의 힘과 같은 변수들이 있다.

다른 하나는 개인을 넘어서는 시스템적인 변수들이다. 가족, 교회, 학교, 직장, 사회, 문화, 종교, 국가, 그리고 하나님 나라 등의 다양한 시스템들이 개인의 심리 상태와 대인관계에 영향을 끼친다. 예를 들면, 역기능 가정에서 성장기를 보낸 사람은 대인관계에서 예측할 수 있는 문제 증상을 보일 가능성이 높다. 직장의 경우 전체적인 분위기, 부서의 역동성, 상사나 부하와의 관계가 대인관계에 영향을 끼친다.

대한민국 국민들의 대인관계를 볼 때 정치적인 성향에 따라 보수와 진보로 나뉘어 서로를 질시하고 반목하는 관계를 맺고 있는 것이 현실이다. 지역적으로 남과 북이 70년 가까이 나뉜 채 지내 오고 있다. 핵개발로 인해 남북 간의 관계는 악화일로에 있다. 출신 지역의 차이로 인한 미묘한 불신과 갈등도 여전하다. 이런 변수들을 모두 다루는 것은 나의 능력과 책의 한계를 넘어서는 일이다.

나는 대인관계를 방해하는 걸림돌을 네 개의 범주로 나누어 다루고 자 했다. 성격장애, 불안장애, 역기능 가정의 성인아이 그리고 죄와 마귀가 그것들이다. 각 걸림돌을 성경적, 신학적 관점에서 접근하면서도 상담심리학적 관점에서 규명하고자 했다. 그리고 각각의 걸림돌을 극복하며 치유하는 방안을 한두 가지라도 제시하려고 했다. 마지막 장에서는 관계의 걸림돌을 극복하는 방안들을 정리해 놓았다. 치유 차원과 관련해서는 깊이 있게 다루지 않았다. 이 책의 범위를 넘어서는 일이기 때문이다.

나는 성격장애와 불안장애라는 범주에 속한 여러 걸림돌들을 다루는 데 많은 분량을 할애했다. 두 범주는 나 자신이 계속 씨름해 왔고 또 연구 주제로 꾸준히 관심을 갖고 있는 분야다.

이 책에서 다루지 않았지만 다른 범주에 속하는 걸림돌들도 많다. 예를 들면, 중독, 우울증, 정신분열증, 종교 차이, 성격 차이, 그리고 사회 문화적 차이 등이다.

당신의 이해를 돕기 위해 필요에 따라 사례들을 소개했다. 나를 만난 내담자들을 보호하기 위해 내용을 각색하고 수정해서 실었다. 혹시라도 자신의 사례가 아닐까 생각하는 분이 있다면, 당신과 비슷한 내적 씨름을 한 사람이 있구나라고 생각해도 좋다.

성도들도 걸림돌에 걸려 넘어진다. 그러나 아주 넘어지지는 않는다. 왜냐하면 하나님의 강한 손이 붙들고 있기 때문이다. 넘어지더라도 하나님께서 일으켜 세우시기 때문이다. 그러나 붙드시는 하나님만 믿고 자꾸 넘어지는 것은 지혜롭지 못하다. 넘어지지 않도록 지식을 갖추는 것이 지혜롭고 성숙한 성도의 모습이며 하나님이 기뻐하시는 모습이다.

2016년 8월에 이틀 동안 가진 '두란노 브릿지 세미나'에서 '관계를 방해하는 장애물 걷어내기'란 주제로 특강을 한 것이 이 책을 저술한 계기가 되었다. 출판을 제안해 준 두란노 출판부 본부장과 부장에게 감사한 마음을 표하고 싶다. 좋은 책을 만들기 위해서 수고해 준 편집팀에게도 감사의 마음을 전한다. 혹시 당신이 예수님을 믿지 않는 분이라면 이 책을 읽는 중에 예수님을 구주로 믿는 믿음을 갖게 되길 기도한다. 그렇게 된다면 나는 더할 나위 없이 기쁠 것이다.

2017년 봄
이관직

Chapter 1

미성숙한 성격이 걸림돌이다

"상대를 이해하면
갈등을 줄일 수 있다"

　A목사는 동역하는 한 여전도사와의 관계에서 어려움을 겪고 있었다. 그 여전도사는 담임목사에게는 입의 혀같이 굴어서 신임을 받았지만, 다른 사역자들을 담임목사에게 험담하고 다녔다. 여전도사를 신임한 담임목사는 다른 사역자들이 험담에 대한 해명을 해도 오해를 풀지 않았다고 했다. 일부 교인들이 담임목사에게 실망해서 교회를 떠났지만 담임목사는 그 원인이 자신과 그 여전도사에게 있다는 사실을 잘 몰랐다.

　A목사의 말을 액면 그대로 받아들인다면 담임목사나 여전도사 모두 성격장애를 갖고 있다고 여겨진다. 둘 다 자기애성 성격장애적 특성이 있다. 현실을 제대로 파악하는 능력이 떨어지고 자기과대감의 욕구가 강하기 때문이다. 이 관계는 뒤에서 언급하겠지만 에스더서에 등장하는 하만과 아하수에로 왕의 관계와 비슷하다. 특히 여전도사의

경우 반사회성 성격장애적 요소가 있다고 보아진다. 건강한 사회성을 가진 사람이라면 담임목사에게 다른 동료 교역자들을 고발 형식으로 험담하지 않는다.

B는 자신이 담당 청년부 목사에게 성추행을 당했다고 자신의 페이스북에 글을 올린 미혼 여성이다. 그런데 사실은 거짓말로 꾸민 글이었다. 마치 실제 있었던 것처럼 묘사하면서 자신이 피해자인 양 호소했다. 몇 시간 내에 댓글이 수십 개 올라왔다. 그녀는 댓글에 대해서 고맙다는 인사말을 덧붙였다. B는 거짓으로라도 자신이 주목받는 것을 즐기는 연극성 성격장애적인 여성이었다. 아울러 피해 목사와 그의 가족, 그리고 교회가 억울하게 수치를 당하는 것에 대해서는 안중에도 없는 반사회성 성격장애적이며 사이코패스적인 여성이었다.

C는 이성 교제를 정리하는 과정에서 충격적인 사건을 경험한 청년이다. 교제를 시작한 지 3년이 지난 어느 가을 그는 여자 친구에게 이제 그만 만나자고 말했다. 여자 친구는 헤어지는 마당에 자신의 마지막 소원을 들어 달라고 울면서 부탁했다. 며칠 뒤 호텔에서 마지막 밤을 같이 보내고 싶다는 것이었다. C는 그녀의 마지막 소원을 들어주자 싶어서 그러자고 했다. 약속한 날 알려 준 호텔 객실에 갔을 때 문이 조금 열려 있었다. 노크를 해도 응답이 없어서 문을 열자 여자 친구가 객실에 목을 맨 채 죽어 있는 것을 발견했다. C는 큰 충격을 받았고 한동안 악몽을 꾸는가 하면 목맨 여자 친구의 모습이 눈앞에 어른거려 일상생활을 제대로 할 수가 없었다. 외상후 스트레스장애 증상을

겪은 것이다.

이 여성의 행동은 교제 후 상실감으로 고통스러워하는 사람들의 일반적인 반응과는 거리가 먼 것이었다. 나는 C에게 이 여성이 경계선 성격장애적 요소를 가졌을 것이라고 이해시켜 주었다. 그는 3년의 교제 기간 중에 여자 친구가 여러 번 극단적인 말을 하는가 하면 기분이 급격히 변하는 것을 수없이 경험해서 사귀는 과정에서도 힘들었다고 말했다. 나는 그녀가 거절에 대한 격노감과 존재감 상실 때문에 자신을 죽였을 뿐 아니라 자신을 버리고 떠나는 C에게 평생 죄책감으로 괴로워하도록 하기 위해 자살한 것이라고 해석해 주었다.

성격장애(인격장애) 개념은 대인관계를 이해하는 데 매우 유용하다. 정신의학에서 인간의 병리를 설명하는 진단명들 중의 하나가 성격장애다. 기분장애, 불안장애, 정신증, 물질관련장애 등과 같은 정신병리와 달리 성격장애는 약물 처방으로 치료되지 않는다. 약간의 도움을 받을 수는 있지만 말이다.

성격은 심리 발달 단계를 거치면서 형성되는 심리적 구조물이다. 따라서 구조물이 형성되고 나면 쉽게 변화하지 않는다. 성격장애를 치료하려면 치료적 관계와 환경을 장기적으로 경험해야 한다. 단기상담으로는 성격장애를 치료하기 어렵다.

이는 성인기에 들어선 이후 성격장애가 쉽게 치료되지 않는 현실을 잘 설명해 준다. 나 자신도 반복되는 역기능적인 행동과 틀로 인하여 좌절할 때가 많았다.

목회자나 신학생 또는 성도들이 은혜를 받으면 일시적으로 변화할 때가 있다. 그러나 얼마 가지 않아 성격장애적인 틀이 다시 드러나는 것을 본다.

성령이 성도의 삶에 내주하여 역사하신다면 왜 눈에 띄는 변화가 수반되지 않는 걸까? 왜 변화가 항구적이지 않을까? 성령이 역사하시지 않아서일까?

회심한 후에 눈에 띄게 심리 변화가 수반되는 성도들도 있다. 그럼에도 불구하고 일정 시간이 흐른 뒤에 그들을 살펴보면 성장기에 형성되었던 심리적 장애 요소가 여전히 뿌리 깊게 남아 있음을 발견하게 된다. 그리고 대부분의 경우 성격장애의 치료와 변화는 매우 더딘 것처럼 보인다. 예수님을 믿고 성도가 되었다고 해서 성격장애가 자동으로 치료되는 것은 결코 아니다.

세상은 교회가 매우 도덕적이며 건강한 사람들의 공동체인 양 오해하고 이상화한다. 그래서 교회 안에서 문제가 생기면 교회가 어떻게 그럴 수 있느냐고 분노한다. 교회를 이상화했다가 비하하는 사람들이 적지 않다. 이것은 성격장애가 여전히 치료되지 않은 성도들이 교회 공동체의 일원으로서 신앙생활을 하고 있다는 현실을 제대로 인식하지 못한 탓이 크다.

목회는 어렵다. 왜냐하면 목회는 목회자와 교인들 간의 인간관계를 만들어 나가는 과정이기 때문이다. 목양이 되려면 목자와 양이 좋은 대상관계(good object relation)를 맺어야 한다. 아울러 양들도 서로 건강한 관계를 맺어야 교회가 건강한 공동체가 된다. 에스겔 선지자가 지적했듯이 당시 이스라엘은 목자들만 병리적이었던 게 아니라 양들도 병리적이었다. 힘센 양과 염소들이 남은 꼴을 발로 밟고 남은 물을 발로 더럽히는 것이다. 하나님은 "나의 양은 너희 발로 밟은 것을 먹으며 너희 발로 더럽힌 것을 마시는도다"(겔 34:19)라고 이스라엘 백성들 간의 관계를 진단하셨다. 심지어 살진 양들은 "옆구리와 어깨로 밀어뜨리고 모든 병든 자를 뿔로 받아 무리를 밖으로 흩어지게 한다"(겔 34:21)고 진단하셨다.

목회가 힘든 이유는 성격장애적 요소를 가진 교인들과 대인관계를 해야 하기 때문이다. 다양한 배경과 장애적 요소를 가진 교인들과 인간관계를 건강하게 맺기란 쉽지 않은 일이다. 목회는 목회자가 심리적으로 건강해도 쉽지 않다.

목사가 설교하고 나면 전화해서 왜 그런 설교를 했느냐고 따지는 교인이 간혹 있다. 편집증적인 성격장애를 갖고 있는 교인이 설교 시간에 왜 자신의 이야기를 하느냐고 따지면 대책이 없다. 설득하고 이해를 시켜도 수용하지 못하기 때문이다.

어떤 교인은 몰래 뒤통수를 친다. 목사에 대해서 다른 교인들에게 악평을 하며 돌아다니는 것이다. 바울 사도나 디모데가 목회했던 교회에도 그런 사람들이 있었다: "또 그들은 게으름을 익혀 집집으로 돌아다니고 게으를 뿐 아니라 쓸데없는 말을 하며 일을 만들며 마땅히 아니할 말을 하나니"(딤전 5:13); "망령되고 헛된 말을 버리라 그들은 경건하지 아니함에 점점 나아가나니 그들의 말은 악성 종양이 퍼져 나감과 같은데 그중에 후메내오와 빌레도가 있느니라"(딤후 2:16-17); "구리 세공업자 알렉산더가 내게 해를 많이 입혔으매 주께서 그 행한 대로 그에게 갚으시리니 너도 그를 주의하라 그가 우리 말을 심히 대적하였느니라"(딤후 4:14-15). 목회자의 입장에서 말하자면 이런 교인을 만나면 죽을 맛이다.

어떤 교인은 매우 의존적이다. 사소한 일에도 일일이 전화해서 목사에게 묻는다. 심리적으로 불안정한 교인은 기분이 가라앉을 때마다 자살하겠다고 밤늦은 시간에 목사에게 전화를 한다.

자기애성 성격장애가 심한 장로는 교회 전반을 자기 뜻대로 좌지우지하려고 한다. 자기 생각이 옳다고 생각하면 목사의 권위도 인정하지 않는다.

강박성 성격장애가 심한 장로는 사사건건 따진다. 사소한 실수도 용납할 줄 모른다. 강박성 성격장애가 있는 회계집사는 교회 재정을 너무 아낀다. 써야 할 곳에 지출하는 것도 꺼린다. 온 교회가 회계집사의 눈치를 보면서 재정을 써야 한다.

성격장애가 심한 목회자나 배우자가 목회를 하면 교인들이 어떤 상처를 입을지 예측할 수 있다. 그런 목회자 부부는 자신들이 교인들에게 상처를 주는 줄도 모른다. 고슴도치 같은 반사회성 성격을 가진 목회자가 목회를 하면 가시 돋친 말과 행동을 함으로써 교인들에게 상처를 입힌다. 그들이 상처입고 떠나도 슬퍼하거나 찾으려고 하지 않는다. 이와 같이 성격장애가 있는 교회 리더들이 자신에게 문제가 있다는 것을 모르거나 인정하지 않는다는 데 어려움이 있다.

자질이 너무 떨어지는 목회자와 관계하는 교인들은 영적으로 심리적으로 성인아이가 된다. 자존감이 낮고 의존적이 된다. 분노가 심하고 역기능적으로 관계한다. 심리적으로 성장하지 못한다.

사고, 감정, 의지, 그리고 대인관계에서 사회 문화적으로 정상 범위를 넘어서는 증상들을 반복해서 드러내는 성인들을 이해하는 진단명이 성격장애다. 다른 정신질환과 구별되게 정신지체(Mental Retardation)와 같은 축(Axis)에 속한다. 정신지체만큼은 아니지만 쉽게 변화하지 않는 장애로 간주되기 때문이다.

청소년기까지는 성격장애라는 진단명을 사용하지 않는다. 변화할 수 있는 가능성과 유연성이 있다고 보기 때문이다. 이 진단명은 만 18세 이상의 성인에게 적용된다. 성격심리학자들은 성장기를 거쳐 형성된 심리적 틀은 쉽게 변하지 않는다고 주장한다. 예수님을 믿어도 어릴 때부터 형성되어 온 심리적 기초는 쉽게 바뀌지 않는다는 것이다.

이 주장을 결정론적으로 이해하면 성경적인 관점과 모순된다. 그러나 개연성이라는 관점에서 본다면 이 주장은 '이미 그러나 아직 아니'라는 하나님 나라의 특성과도 연결된다. 이 땅에서 성도가 경험하는 변화와 성화는 여전히 불완전하기 때문이다. 그 누구도 죽는 날까지 완성된 성화를 이루지 못한다. 모든 성도는 다른 피조물들과 "이제까지 함께 탄식하며 함께 고통을 겪"으며 "장차 우리에게 나타날 영광"의 날을 기다리고 있다(롬 8:22, 18).

세상의 정신과 의사들과 상담사들은 성격장애라는 개념으로 인간의 장애와 병리성을 설명한다. 기독교가 말하는 죄의 개념을 인정하거나 관심을 갖지 않는다. 그러나 모든 인간은 근본적인 걸림돌인 죄와 여전히 씨름하는 존재이며 죄성을 갖고 있는 존재다. 따라서 모든 성격장애를 죄라고 규정하기는 어렵지만 대부분의 경우 성격장애는 죄다. 진단받을 만큼은 아니지만 10개의 성격장애들이 갖는 각각의 증상에 하나도 적용되지 않는 인간은 한 명도 없다. 모든 인간은 최소한 약간의 성격장애적 요소를 갖고 있다. 그리고 죄성을 갖고 있다.

인간은 의식적인 차원에서 죄를 짓지 않더라도 무의식적인 차원에서 죄를 짓는다. 성격장애는 형성된 것이지만 죄로 타락한 인간의 본성이기도 하다. 성격장애적 증상으로부터 자유로운 인간은 단 한 명도 없다. 이 현실은 "의인은 없나니 하나도 없다"(시 14:3; 롬 3:10)는 성경의 진단과 일치한다. 이 땅에 사는 한 죄성이 성도들에게조차 여전히 남아 있듯이 성격장애적 요소는 심리치료를 받아도 완전히 사라지지 않는다.

성경은 인간이 엄마의 모태에서부터 죄를 가진 존재로 태어난다고 선언한다. 마치 엄마가 어떤 바이러스를 갖고 있으면 아이가 그 바이러스를 가진 채 출생하는 원리와 같다. 선택의 여지가 없다. 이 죄성을 가진 아이가 성장 과정에서 깨어진 세상의 영향과 작용하면서 죄는 꽃을 피운다. 아울러 죄를 학습한다.

성격장애가 있다고 구원받지 못하는 것이 아니다. 죄가 있다고 구원받지 못하는 것이 아닌 것과 같다. 성격장애가 있음에도 불구하고 하나님은 선택한 자기 자녀들을 구원하시며 하나님 나라로 인도하신다.

성도들은 죄의 결과로 온 죽음을 경험한 후에야 성격장애가 전혀 없는 존재로 영화롭게 변화할 것이다. 노력이 아니라 하나님의 은혜와 간섭하심으로 차원이 다르게 변화할 것이다. 신학에서는 이것을 죄를 짓고 싶어도 죄를 지을 수 없는 존재로 변화하는 것이라고 설명한다.

천국에서는 대인관계로 인해 고통을 겪는 일이 없다. "다시는 사망이 없고 애통하는 것이나 곡하는 것이나 아픈 것이 다시 있지 아니하리니 처음 것들이 다 지나갔음이러라"(계 21:4)는 말씀을 통해 이 사실을 유추할 수 있다. 하나님은 "보라 내가 만물을 새롭게 하노라"(계 21:5)는 말씀 그대로 당신을 완전히 새롭게 하실 것이다. 당신의 대인관계 능력을 온전히 회복하실 것이다.

그러나 이 땅에 사는 한 당신은 성격장애적 요소와 씨름해야 한다.

그리고 조금씩이라도 변화해야 한다. 아울러 성령께서 당신의 '속사람'(inner being)이 조금씩이라도 변화하도록 역사하신다는 사실을 믿어야 한다.

3년이나 돌보았지만 열매 없는 무화과나무를 향한 포도원지기의 태도가 예수님의 마음이며 '오래 참으시는' 하나님의 마음이다: "주인이여 금년에도 그대로 두소서 내가 두루 파고 거름을 주리니 이 후에 만일 열매가 열면 좋거니와 그렇지 않으면 찍어 버리소서"(눅 13:8-9). 네 번째 해에 열매가 없을 때에 과연 찍어 버렸을까? 포도원지기는 또 한 해를 기다려 달라고 부탁했을 것이다. 변화가 더딘 인간의 마음을 잘 아시기 때문이다. 그러나 변화가 더딘 자신의 상태를 합리화하는 방법으로 성격장애를 이용해서는 안 될 것이다.

성격장애가 있는 사람들을 포기하지 않고 그리스도의 사랑으로써 관계하는 과정은 스트레스와 고난을 내포한다. 그러나 힘들다고 해서 관계를 포기하는 것은 그리스도의 마음이 아니다.

'지피지기 백전백승'(知彼知己 百戰百勝)이라는 말이 있듯이 당신의 연약함을 먼저 인식하고 상대방의 연약함을 이해하면 관계가 조금씩 호전되는 것을 경험할 것이다. 더 나아가 관계의 고통을 잘 극복하면 당신은 성장할 수 있다.

사람에 따라서는 10개의 성격장애 중 한 개 이상의 성격장애들에 해당될 수 있다. 이것을 '공병'(共病) 현상이라고 부른다. 그리고 10개의 성격장애는 크게 3개의 집단으로 나뉜다. 3개의 집단은 다음과 같다. 편집성, 분열성, 그리고 분열형; 자기애성, 연극성, 경계선, 그리고 반사회성; 의존성, 회피성, 그리고 강박성. 각 집단은 대인관계에서 오는 불안을 대응하는 방식으로 설명될 수 있다. 첫째 집단이 주로 사용하는 기제는 거리 두기다. 둘째 집단이 주로 사용하는 기제는 접근하기다. 마지막 집단이 주로 사용하는 기제는 순응하기다. 경우에 따라서는 서로 다른 집단에 속한 성격장애적인 증상을 모순적으로 가질 수도 있다.

성격장애는 대인관계에서 주요한 걸림돌이다. 성격장애의 네 가지 영역, 즉 사고, 정서(감정), 의지, 그리고 대인관계의 영역 중에서 핵심적인 영역이 대인관계이기 때문이다. 대인관계에 어려움이 있다는 것은 성격장애가 있을 가능성이 높다는 것을 말해 준다. 지면 관계상 10개의 성격장애를 모두 다루지 않고 당신이 공감할 수 있는 6개의 성격장애들에 대해서만 다룰 것이다.

"나만 잘났어"

자기애성 성격장애

아담의 후손은 예외 없이 자기중심성(narcissism)을 갖고 태어난다. 마치 모태에서 죄 중에 출생하는 것과 같다. 자기중심성은 죄성이자 타락한 인간의 본성이다. 비교적 괜찮은 양육 경험과 교육 경험을 통해 이 자기중심성의 욕구를 적절하게 만족시키면 비교적 성숙하게 인간관계를 할 수 있다고 보는 것이 심리학의 관점이다.

자기중심성의 욕구를 적절하게 만족시킨다는 것은 발달단계에 맞는 공감과 수용 그리고 적절한 수준의 좌절을 경험하도록 양육하는 것을 의미한다. 부모가 무조건 허용하는 과잉보호적인 공감 경험은 오히려 자기애성 성격장애를 유발시킬 수 있다. 완벽하지 않은 이 세상에서 살아갈 수 있기 위해서는 때로는 "안 돼"라고 하는 적절한 좌절 경험이 수반된 공감 경험이 필요하다. 적절한 좌절 경험이 수반될 때 비교적 일관성 있는 구조를 지닌 '응집력 있는 자기'(cohesive self)가 생긴다.

그러나 많은 사람들은 발달 과정에서 부모로부터 또는 의미 있는 대상들로부터 적절한 공감을 받지 못한 채 성장한다. 이들 중 일부는 눈에 띄게 자기애성 성격장애를 드러내는 '외현적'(explicit) 자기애를 가질 가능성이 있다. 그러나 나머지 사람들은 자기애성 성격장애의 증상이 겉으로는 잘 드러나지 않은 '내현적'(implicit) 자기애를 가진 사람으로 성장할 가능성이 높다.

다른 성격장애들도 그렇지만 성인에게만 자기애성 성격장애라는 진단명을 쓸 수 있다. 유년기에 또는 청소년기에 보이는 일시적인 자기중심적인 행동을 자기애성 성격장애로 진단하지는 않는다. 흔히 말하는 왕자병, 공주병은 발달단계에서 일시적으로 지나가는 현상일 때가 많다.

인간관계는 크게 이기적인 관계와 이타적인 관계로 나눌 수 있다. 그러나 순전히 이타적인 관계는 현실에서 존재하지 않는다. 죄로 타락한 인간은 그런 관계를 맺을 수 있는 능력이 없다. 그래서 일반 심리학자들은 적절한 수준의 이기성과 이타성은 오히려 필요하며 정상적이라고 본다. 이런 관점은 자칫 인본주의적이 될 위험성이 있다. 그러나 인간의 한계와 세상의 깨어짐을 인정할 때 이런 관점은 성경의 관점과 모순되지 않는다. 왜냐하면 성경은 건강한 자기 사랑을 인정하기 때문이다. 율법의 핵심 정신인 "네 이웃을 네 자신처럼 사랑하라"는 가르침은 건강한 자기 수용과 자기 사랑을 전제하고 있다.

건강한 자기 사랑을 바울 사도의 권면에서 찾아볼 수 있다. 바울 사도는 남편들을 향하여 자신의 아내를 사랑하라고 권면할 때 이웃 사랑의 원리를 적용한다: "이와 같이 남편들도 자기 아내 사랑하기를 <u>자기 자신과 같이 할지니</u> 자기 아내를 사랑하는 자는 <u>자기를 사랑하는 것이라</u> <u>누구든지 언제나 자기 육체를 미워하지 않고</u> 오직 <u>양육하여 보호하기를</u> 그리스도께서 교회에게 함과 같이 하나니"(엡 5:28-29). 밑줄 친 부분에서 바울은 자기 사랑의 긍정적인 면을 분명히 인정하고 있다.

자신을 돌보며 자신에 대해 관심을 갖는 것은 필요한 일이며 중요한 일이다. 각자에게 자기(self)는 가장 가까운 이웃이라고 이해될 수 있다. 실제로 자기를 사랑할 줄 모르는 사람은 이웃을 어떻게 사랑하는지를 제대로 모른다. 자기에 대한 이해와 사랑을 할 수 있는 능력이 발달되지 않은 사람은 이웃을 건강하게 사랑할 줄 모르기 때문이다. 사랑한다고 하는 행동이 오히려 상대방에게 상처를 주며 수치감을 느끼게 한다. 자기가 채 발달되지 않은 아이가 주변 사람들을 사랑한다는 것은 어불성설이다. 따라서 이웃 사랑은 자기 발달을 전제한다.

주님이 가르치신 자기 부인은 자기가 삶의 주인이 되었던 옛 자기의 삶을 포기하는 것을 의미한다. 예수님을 삶의 주인으로 모시는 새로운 **대상관계**(다른 사람, 특히 중요한 타인을 의미하는 대상[object]과의 관계를 의미함)를 맺는 자기를 형성하기 위해서는 자신을 주인 삼았던 옛 삶을 청산하는 작업을 매일 해야 한다. 이것이 "너희는 유혹의 욕심을 따라 썩어져 가는 구습을 따르는 옛 사람을 벗어 버리고… 하나님을 따라 의와 진리의 거룩함으로 지으심을 받은 새 사람을 입으라"(엡 4:22-24)는 바울 사도의 권면의 의미다.

문제는 부정적인 의미의 자기 사랑, 즉 이기적인 자기 사랑에 있다. 이기적으로 자기를 사랑하는 사람은 이기적인 동기를 갖고 이웃과 관계한다.

또 다른 문제는 이기적인 사람은 인간관계에서 착취적이라는 데 있다. 이기성과 자기중심성을 가진 자기애성 성격장애자들은 타인을 이용하고 조종하는 것이 특징이다. 자신에게 이익이 될 때만 접근하며 아는 척한다. 이런 사람은 진정한 의미에서 인간관계를 맺는 방법을 모른다. 진정한 관계의 필요조차 느끼지 못할 수 있다.

자기애성 성격장애를 가진 사람은 다른 사람들이 자신을 부러워할 것이라고 착각한다. 자신이 탁월한 사람들이나 우월한 집단을 부러워하듯이 타인들도 자신을 부러워할 것이라고 투사한다. 이들은 자신보다 상위층에 있는 사람들과 관계하는 것을 매우 좋아한다. 그러나 자신보다 하위층에 속한 사람들에 대해서는 관심을 갖지 않는다. 심지어 은연중에 업신여기거나 무시한다. 드러내 놓고 무시하는 이들도 있다.

이들은 진정한 의미의 공감을 경험해 본 적이 별로 없다. 따라서 공감할 줄 모른다. 공감하는 척할 수는 있어도 실제로는 공감하지 않는다.

교만한 눈이 걸림돌이 된다

자기애성 성격장애를 가진 사람은 자신보다 열등하다고 여겨지는 사람들과의 관계에 걸림돌을 놓는다. 그들이 자신에게 접근하지 못하도록 걸림돌을 놓는다. 결국 그 걸림돌에 자신이 넘어져 제대로 인간관계를 맺지 못한다.

자기애성 성격장애를 가진 사람이 놓는 걸림돌 중의 하나는 '교만한 눈'이다. 하나님이 싫어하는 예닐곱 가지 죄 중에 첫 번째 등장하는 이 교만한 눈이 대인관계에 걸림돌이 된다(잠 6:17). 교만한 눈을 가진 사람은 다른 사람들을 실족하게 한다. 접근하기 힘들게 한다. '안하무인'(眼下無人) 식으로 대하는 사람을 좋아하고 접근하는 사람은 없기 때문이다. 피학적인 사람들을 제외하고 말이다. 아니면 속으로는 싫지만 이익을 추구하기 위해서 빌붙어 있는 사람들을 제외하고 말이다.

교만한 눈을 가진 자는 소자 중의 하나를 실족하는 행동을 반복할 것이다. 예수님이 경고한 것처럼 그는 차라리 맷돌이 그 목에 매여 바다에 던져지는 것이 나을 수 있다(막 9:42 참조). 현실적으로 그는 약한 자들을 실족하게 하고도 자책하지 않는다. 따라서 자살할 가능성이 매우 낮다. 자신을 지나치게 소중하게 생각하기 때문에 자살에 대해서 생각하지도 않는다. 우울증에 빠지지 않는 한 그런 일은 거의 일어나지 않는다.

자기중심적인 사람은 상대방의 말을 경청하지 않는다. 자신이 하고자 하는 말에 집중하느라 상대방의 말을 건성으로 듣는다. 이런 사람과는 누구도 대인관계를 지속하고 싶지 않을 것이다. 자기중심성이 심할수록 '동문서답'(東問西答) 또는 '마이동풍'(馬耳東風)이라는 사자성어가 어울릴 정도로 대화 자체가 안 된다.

에스더서에 등장하는 하만은 자기애성 성격장애 증상을 잘 드러낸 인물이다. 그는 페르시아 제국에서 2인자의 자리에 오른 입지전적인 인물이다. 그는 사울 왕이 죽인 아각 왕의 후예로 페르시아 제국 변방의 소수민족 출신이었다. 소위 마이너리티에 속했던 그가 아하수에로 왕 다음가는 2인자가 된 것은 그의 탁월한 능력을 입증한다. 더구나 하만은 매우 부유해서 그가 유대인의 학살을 위해 내놓겠다고 제안한 사유재산이 국가 경상비의 절반에 해당할 정도였다.

하만은 권력욕과 명예욕도 대단해서 왕복을 입고 왕의 마차를 타고 행차하는 것에 대한 환상을 갖고 있었다. 왕이 그를 2인자로 세웠을 때 그는 이미 세상적으로 말해서 자기애적 욕구를 충분히 경험한 자였다. 왕은 하만이 행차할 때 그에게 모두 절할 것을 명령할 만큼 그를 총애했다. 따라서 그는 모든 백성들로부터 인정과 관심을 받았다. 그 정도면 그의 자기애성 성격장애적 요소가 충분히 치료되어야 정상일 것이다.

그러나 유대인이던 모르드개가 자신에게 절하지 않았을 때 하만은 격노했다. 자기애적 욕구에 상처를 입은 것이다. 물론 2인자의 국가권력을 가진 자로서 격노하는 것은 당연할 수 있다. 심지어 그는 모르드개를 왕명을 어긴 자로 직접 처벌할 수 있었다. 문제는 그가 모르드개에게 자신의 분노를 직접 표현하지 못했다는 데 있다. 오히려 그는 자신이 느꼈던 격노를 모든 유대인들에게 전이했다. 이것은 그가 심리적으로 매우 미성숙하고 취약했음을 보여 준다. 그는 '구별짓기'를 제대로 하지 못했다. 그리고 '연결짓기'도 제대로 하지 못했다. 그가 이후에 보인 행동들은 그에게 주어진 권력과 인정이 그의 자기애성 성격장애를 진정한 의미에서 치료하지 못했음을 보여 준다.

자신의 자기애를 만족시키기 위해 유대인들을 전멸시키려는 계획을 은밀하게 진행시킨 하만의 행동은 그가 사이코패스 수준의 인간이었음을 말해 준다. 그는 자기애성뿐 아니라 반사회성 성격장애적인 면도 갖고 있었던 것이다.

사도 바울은 말세의 사람들의 모습을 놀라울 정도로 잘 묘사했다. 그 모습들 중에서 자기중심성과 연결된 특징들이 많이 등장한다: "사람들이 자기를 사랑하며… 자랑하며 교만하며… 감사하지 아니하며… 자만하며"(딤후 3:2-4). 감사할 줄 모르는 것이 자기애성과 연결된다는 점을 주목할 필요가 있다. 자기애성 성격장애자의 증상 중 하나는 감사할 줄 모른다는 것이다. 자신이 당연히 받아야 할 대우를 받았다고 생각하기 때문에 감사의 필요성을 느끼지 않는다.

앞에서도 언급했듯이 자기애적 욕구는 모든 아이들이 갖고 있는 심리적 특성이다. 발달단계에 맞는 적절한 공감과 인정을 받지 못하면 아이들은 자기 환상감과 과대성에 고착될 위험성에 노출된다. 발달단계에 맞지 않는 과도한 공감과 보호도 아이를 심리적으로 고착시킨다. 결국 나이가 들어도 현실적인 자기를 수용하지 못한 채 과대자기와 자신을 동일시하는 자기애성 성격장애를 가진 사람이 된다.

이런 사람도 회심하면 크리스천이 된다. 그러나 크리스천이 되어도 자기애성 성격장애는 잘 없어지지 않는다. 예수님을 믿으면 성격장애가 저절로 없어질 것처럼 기대하는 사람들이 간혹 있다. 그렇지 않다. 특히 자기애성 성격은 그 뿌리가 삶의 초기와 연결되기 때문에 웬만한 치료적 경험으로는 근본적인 변화가 어렵다. 그래서 전통적인 정신분석학자들은 자기애성 성격장애를 정신분석으로 치료하기가 어렵다고 간주했던 것이다.

자기애성 성격장애를 가진 채 살면 하나님 앞에서 죄를 더 짓는 삶을 살게 된다. 성경은 자기애성 성격장애의 삶이 죄를 범하는 삶이라고 분명히 지적한다: "이웃을 업신여기는 자는 죄를 범하는 자요"(잠 14:21). 자기애성 성격장애적인 성도와 목회자는 자신이 죄인임을 깊이 자각하고 날마다 회개하는 심정으로 살아야 한다.

문제는 자기애성 성격장애를 가진 사람들이 상담받을 생각을 하지 않는다는 데 있다. 병식이 약하거나 없기 때문이다. 자신과 연결된 증상을 부인하기 때문이다. 자기애가 자기의 일부이기 때문에 문제시하지 않고 객관적으로 자기를 볼 수 있는 눈이 열리지 않기 때문이다. 스스로는 빛 가운데 행한다고 착각하지만 실제는 어둠 속에서 행하는 것이다. 자신의 심리적 상태에 대해서 '맹인'으로 산다.

당신을 객관적으로 인식할 수 있는 눈이 열려야 한다. 영적으로도 눈이 열려야 한다. 라오디게아 교회의 문제점 중의 하나는 '눈먼 것' 이었다(계 3:17). 그들은 "나는 부자라 부요하여 부족한 것이 없다"(계 3:17)라고 착각했다. 주님은 그들을 향하여 "안약을 사서 눈에 발라 보게 하라"(계 3:18)고 권면하셨다.

당신의 심리적 눈은 제대로 기능하는가? 다른 사람의 잘못은 보이는데 당신의 잘못과 약점은 인식되지 않는가? 하나님의 말씀의 빛 앞에 당신을 날마다 비추어야 정확한 자기 인식을 할 수 있다. 바울 사도는 에베소 성도들을 위하여 "영광의 아버지께서 지혜와 계시의 영을 너희에게 주사 하나님을 알게 하시고 너희 마음의 눈을 밝히사 그의 부르심의 소망이 무엇이며… 우리에게 베푸신 능력의 지극히 크심이 어떠한 것을 너희로 알게 하시기를 구하노라"(엡 1:17-19)고 기도했다. 주님이 나와 당신의 눈을 날마다 열어 주시기를 기도한다.

사람들은 자기애성 성격장애를 가진 사람을 좋아하지 않는다. 모든 사람에게 자기애성 요소가 조금씩은 있음에도 불구하고 이기적인 특성이 두드러지는 사람을 좋아하지 않기 때문이다. 이기성이 좋지 않다는 것을 머리로는 알기 때문이다. 그리고 자신에게 있는 이기성이 투사되기 때문이다. 무의식적으로 자신과 비슷한 사람을 보면 화가 나기 때문이다.

우리나라의 공교육은 학생들이 청소년기를 거치는 동안 인간관계의 중요성과 방법을 제대로 학습할 수 없는 역기능적인 시스템이다. 대부분의 청소년들은 학교 성적이 최고의 가치 척도가 되는 환경에서 청소년기를 보내고 성인기를 맞는다. 경쟁적인 학교와 사회 속에서 대부분의 청소년들은 친구들과 건강한 대인관계를 맺을 시간적 여유나 정신적 여유를 갖지 못하고 청소년기를 보낸다. 자기의 유익을 위해 친구관계를 선택하기까지 한다. 한국 교육과 사회 시스템은 자기애성 성격장애자들을 양산하기에 적합한 역기능 시스템이다.

이와 같은 오늘날의 한국 사회 속에서 개인과 가정과 기업이 점점 자기애성 성격장애적 요소를 드러내고 있다. 교회와 교단들도 동일한 요소를 갖고 있다.

크리스천 가정에서라도 자녀들에게 이 시대적 흐름을 거슬러 올라갈 수 있는 교육이 필요하다. 공부하는 목적도 자신의 유익을 위해서가 아니라 사회와 국가와 하나님 나라를 위해서 하는 것임을 바로 가르쳐야 한다. 슬픈 현실은 대부분의 크리스천들조차 자기중심성의 시대적 흐름에 자녀들이 적응하도록 가르치고 있다는 사실이다.

하늘에 계신 하나님이 보실 때 모든 인간은 서로 도토리 키 재는 것과 같은 존재다. 그런 존재임을 인식하지 못하고 교만한 삶을 계속 살면 하나님이 미워하신다. 하나님이 사랑하는 약자들과 이웃을 무시하고 깔보면 하나님이 미워하신다.

크리스천의 경우 자기애성 성격장애가 치료되지 않은 채 신앙생활을 계속 하면 하나님은 그 사람을 반드시 낮추신다. 사랑하시기 때문이다. 광야를 통과하면서 조금씩 겸손한 삶이 무엇인지를 깨닫게 하셔서 하나님의 눈으로 다른 사람들을 보는 눈이 열리게 하신다.

당신이 질그릇과 같이 취약한 존재임을 항상 인식해야 겸손할 수 있다. 타인들도 당신과 마찬가지로 취약한 존재임을 인식할 때 대인관계가 안정적이며 성숙해질 수 있다. 타인을 이해하며 수용할 수 있기 때문이다.

1) 공감(empathy) 경험이 필요하다.

D는 자라는 과정에서 부모와 따뜻한 대화를 나누어 본 기억이 없는 청년이었다. 상담 과정에서 그는 필요 이상으로 설명을 많이 했지만 정작 자기가 하고 싶은 말을 잘 표현하지 못했다. 누구와도 자기 이야기를 해 본 적이 없기 때문이다. 형이 있었지만 형과도 거의 대화 없이 늘 혼자 지냈던 것이다.

D처럼 공감 받지 못하고 성장한 사람은 상대방이 알아듣기 쉽게 말할 줄 모르는 특성이 있다. 즉 공감을 받지 못했던 사람은 말을 알아듣기 어렵게 말한다. 말할 때 긴장하기 때문에 횡설수설하고 말이 길어진다. 반면 공감 경험이 충분한 사람은 말을 명료하게 표현할 줄 안다. 상대방의 입장에서 알아듣기 쉽게 말한다.

자기애성 성격장애자들을 치료하려면 두 가지 환경이 필요하다. 하나는 그들의 장점과 자원에 대해서 진정성 있게 인정하며 공감해 주는 환경이다. 자기심리학의 주창자인 하인즈 코헛(Heinz Kohut)은 전통적인 정신분석으로는 치료가 되지 않는다고 생각했던 입장을 뒤엎고 '공감' 경험을 통해 자기애성 성격장애자들도 치료가 가능하다고 주장했다.

자기애성 성격장애자들은 공감적인 사랑이 필요한 사람들이다. 그들의 가치와 장점이 충분히 인정되고 수용되지 못한 환경에서 자란 그들의 삶을 이해하고 수용해 주어야 한다. 그들이 억지로 오 리를 가자고 할 때 십리를 가겠다는 마음으로 대해 줄 필요가 있다. 오래 참는 사랑이 그들에게 필요하다. 하루아침에 변화가 일어나지 않기 때문이다.

또 다른 환경은 앞에서 잠시 언급한 바와 같이 하나님이 허용하거나 사용하시는 광야를 경험하는 것이다. 고난의 경험을 통해 풍선처럼 부풀었던 과대자기의 바람을 빼내는 하나님의 방법이다.

바벨론 왕 느부갓네살은 교만하다가 정신병에 걸려 짐승처럼 들에서 기거하는 삶을 살았다. 이후에 자신을 하나님 앞에서 겸비하며 낮추었을 때 제정신이 돌아왔고 하나님은 그를 다시 왕위에 복귀시키셨다(단 4:28-37 참조).

2) 자기중심성이 죄라는 사실을 인식하고 회개한다.

약한 이웃에 대해 관심이 없는 것은 하나님이 바라시는 삶이 아니다. 교만한 눈으로 사람들을 바라보는 것은 죄라고 앞에서 이미 지적한 바 있다.

이 죄가 자신과 하나님 사이에 걸림돌이 되고 있음을 자각해야 한다. 이 죄가 자신과 이웃 사이에 걸림돌이 된다는 사실을 인식해야 한다. 이 걸림돌을 제거하는 것이 회개다.

3) 타인도 자신만큼 소중한 존재임을 인식한다.

자신에 대해서 긍정적으로 수용하는 동시에 타인에 대해서도 긍정적으로 대하는 것이 대인관계를 건강하게 유지하는 데 있어 중요하다. "I'm OK but you're not OK"의 태도는 자기애성 성격장애자의 대인관계를 잘 보여 준다. "I'm not OK but you're OK"의 태도는 의존성과 회피성 성격장애자의 대인관계 특징이다. "I'm not OK but you're not OK"의 태도는 반사회성 성격장애와 경계선 성격장애자의 대인관계 특징이다. "사람이 꽃보다 아름다워"라는 안치환의 노랫말을 마음에 새길 필요가 있다.

4) 약자를 공감한다.

한국 사회에 빠른 속도로 외국인들의 숫자가 늘어나고 있다. 대부분이 제3국에서 온 노동자들이다. 값싼 인건비를 받고서라도 한국에 와서 일하기를 원하는 외국 출신 노동자들이 수십만 명에 이르고 있다.

외국인 노동자들을 무시하거나 그들의 임금을 체불하거나 비인격적으로 대하는 것은 하나님의 진노를 사는 행동이다. 크리스천 중에도 외국인 노동자들에게 갑질을 하며 임금을 체불하거나 비인격적으로 대우하는 이들이 일부 있다. 이것은 매우 수치스러운 행동이며 죄악이다.

크리스천이 이런 행동을 하면 기독교 신앙을 가질 수도 있는 외국인 노동자들에게 걸림돌이 된다. 외국인 노동자들을 성경적인 정신을 따라 대우하는 것 자체가 선교다. 선교는 말로 하는 것이 아니라 삶으로 하는 것이다.

하나님은 약한 자를 들어 강한 자를 부끄럽게 하시는 분이다. 약자를 공감하시는 분이다. 인생 여정에서 누구나 약자가 될 때가 있고 강자가 될 때가 있다. 당신이 혹시 강자인가? 당신이 약자였을 때가 있었음을 잊지 말라.

하나님은 이스라엘 백성들에게 그들이 애굽에서 종살이하던 때가 있었음을 잊지 말라고 말씀하셨다. 우리나라도 일본의 압정 아래 나라까지 잃고 오랫동안 고통스러운 시간을 보낸 적이 있다. 가난에서 벗어난 지도 그리 오래 되지 않는다. 또 많은 한국인들이 전 세계에 흩어져 이민자의 삶을 살고 있다. '역지사지'(易地思之)의 마음으로 외국인 노동자들을 대하는 것이 성경적이다.

하나님은 타국인이나 약자에 대해서 배려할 것을 율법으로 명문화하셨다. 모세는 신명기에서 다음과 같이 가르쳤다: "곤궁하고 빈한한 품꾼은 너희 형제든지 네 땅 성문 안에 우거하는 객이든지 그를 학대하지 말며 그 품삯을 당일에 주고 해 진 후까지 미루지 말라 이는 그가 가난하므로 그 품삯을 간절히 바람이라 그가 너를 여호와께 호소하지 않게 하라 그렇지 않으면 그것이 네게 죄가 될 것임이라"(신 24:14-15). 외국인들의 품삯을 불의하게 처리해서 치부하려는 크리스천이 있다면 그는 하나님의 저주를 자청하는 것이다. 깨닫고 회개해야 한다. 밀린 품삯을 다 갚아야 한다. 이것이 하나님의 선하신 뜻이다.

5) 감사를 표현한다.

도움이 필요할 때만 상대방과 관계를 맺고, 도움을 받고 난 후에는 관계를 끊는 것은 이기적인 행동이다. 유아적인 행동이다.

자기애성 성격장애가 심하면 사람들이 좋아하지 않는다. 도와줘도 고마워할 줄 모르는 사람과는 관계하고 싶지 않기 때문이다. 사람들은 작은 일에도 감사할 줄 아는 사람을 좋아한다.

하나님이 베푸신 은혜를 묵상하며 감사할 줄 아는 성도는 자기애성 성격장애가 치료된다. 자신의 능력으로 자신이 잘되는 것이 아니라는 것을 깨닫기 때문이다. 그런 점에서 감사헌금을 자주 하는 것은 자기애성 성격장애를 치료하는 신앙적 방법이 될 수 있다. 이것은 마치 십일조를 기쁨으로 하는 것이 지나치게 검소한 것이 한 증상인 강박성 성격장애로부터 치유되는 것과 같은 원리의 치료 방법이다. 당신을 향한 하나님의 뜻은 "항상 기뻐하라 쉬지 말고 기도하라 범사에 감사하라"는 것이다(살전 5:16-18). 이 가르침에 순종하면 자기애성 성격장애가 조금씩 치료될 것이다.

당신이 질그릇과 같이

취약한 존재임을

항상 인식해야

겸손할 수 있다.

"주목 받고 싶어요"

연극성 성격장애

연극성(histrionic) 성격장애를 가진 사람은 타인의 관심과 주목을 받고자 하는 욕구가 큰 것이 특징이다. 일부 연극성 성격장애자들은 외모나 신체 조건을 통해 눈길을 끌려고 한다. 연극성 성격장애는 아무나 진단 받을 수 있는 것이 아니다. 외모가 어느 정도 받쳐 주어야 하기 때문이다. 이런 사람은 성적으로 자신을 부각하거나 유혹적인 행동을 함으로써 다른 사람들의 눈길을 끌기도 한다.

연극성 성격장애자는 대인관계에서 실제보다 상대방과 더 친밀하다고 착각한다. 실제는 별로 친하지 않은데도 불구하고 마치 친구인 양 대한다.

그리고 사람들의 평가와 관심에 피암시적이다. 피암시적이라는 것은 마치 온도계와 같아서 정체성과 자존감이 환경이나 타인의 평가에 민감하게 반응한다는 의미다. '배우'라는 뜻의 라틴어 'histrio'처럼 자신의 진정한 정체성이 잘 발달되지 않았기 때문에 환경의 영향에 크게 좌우된다. 자존감을 외모나 조건과 동일시하기 때문에 이런 사람은 자기구조물이 약하다. 대인관계는 피상적이다.

정신분석학적으로 볼 때 연극성 성격장애를 가진 여성은 성장 과정에서 아빠가 주로 자기애성적이며 통제적인 반면, 엄마는 따뜻하지 못한 엄마였을 가능성이 높다고 알려져 있다. 이들은 주로 자신의 외모로 다른 여성들과 경쟁한다. 그리고 매력적인 여성성을 가지고 뭇 남성들의 관심을 끌려고 한다. 성장기에 아버지에게 받았던 관심 또는 받고 싶었던 관심을 무의식적으로 뭇 남성들로부터 받으려고 하는 것으로 해석될 수 있다.

이들은 진정한 사랑보다는 관심 끌기의 대상으로서 남성들과 관계한다. 그렇게 함으로써 남성들과의 관계에서 자신의 힘을 무의식적으로 행사하는 것이다. 남성들로부터 관심과 따스한 눈길을 받기 위해 유혹하는 행동은 사실 자기주도적이며 통제했던 아빠의 모습이 내면화된 것으로 해석된다.

SNS 시대를 사는 현대인들의 어리석은 모습 중의 하나는 자기 의견을 SNS 공간에 자주 올리는 것이다. 그리고 사람들이 얼마나 자기 글을 조회했는지를 강박적으로 확인하는 것이다. 이것은 연극성적인 모습이다. 주목 받고 관심 받기 위한 행동이다. 심지어 자극적이거나 공격적인 글을 댓글로 달아서 사람들의 주목을 끄는 행동을 하는 것은 연극성에다가 반사회성까지 갖고 있는 경우다.

안타깝게도 우리가 살고 있는 사회 자체가 연극성 성격장애적인 사회다. 외모를 중시하고 외모에 따라 사람을 평가한다. 텔레비전에 등장하는 걸그룹들의 복장은 예외 없이 성적으로 유혹적이다. 그들은 몸매를 유지하기 위해 살인적인 다이어트를 한다. 비싼 외제차를 빌려서라도 타고 다니는 사람도 있다.

야고보 사도는 교회 안에서 외모로 사람을 차별하지 말라고 경고했다. 회당에 금가락지를 끼고 아름다운 옷을 입은 사람이 들어오면 "눈여겨보고" "여기 좋은 자리에 앉으소서"라고 말하고, 남루한 옷을 입은 가난한 사람이 들어오면 "거기 서 있든지 내 발등상 아래에 앉으라"고 말한다면 "악한 생각으로 판단하는 자"가 되는 것이라고 지적했다(약 2:3, 4).

잠언 기자는 연극성의 특징을 다음과 같이 잘 지적하였다: "미련한 자는 명철을 기뻐하지 아니하고 자기의 의사를 드러내기만 기뻐하느니라"(잠 18:2). NIV 성경은 이 본문을 흥미롭게 번역했다: "delights in airing his own opinions." 방송을 하듯이 자기 의견을 올리는 것을 기뻐하는 자는 사실상 미련한 자라는 것이다.

더 예뻐 보이고 싶고, 더 젊게 보이고 싶은 마음은 누구에게나 있을 수 있다. 그렇다고 해서 삶의 에너지를 그곳에 집중하지는 않는다. 그런데 연극성 성격장애적인 사람은 에너지를 과도하게 외모에 쏟는다. 심지어 성형수술까지 한다. 다른 사람들의 눈을 의식하기 때문이다. 거울에 비친 자신의 얼굴을 보고 자신감을 갖게 되기 때문이다. 사실 이들은 자존감이 낮다.

성형수술을 하고 나서 오히려 대인관계가 어려워질 수 있다. 상대방이 그의 달라진 얼굴을 보고 어색하게 느끼기 때문이다. 어떤 의미에서는 이전의 얼굴을 가진 친구를 상실해 버린 느낌마저 줄 수 있다.

성형수술의 부작용으로 인해 대인관계에서 문제가 생길 위험성이 있다. 기대했던 아름다움 대신에 인상이 바뀌거나 피부가 괴사를 일으켜서 오히려 이전보다 더 못하게 되는 경우가 적지 않다. 이전 상태로 다시는 되돌아갈 수 없다는 상실감과 박탈감, 그리고 분노로 인하여 고통스러워하는 이들이 적지 않다. 병원을 상대로 소송하느라 세월을 보내고 나면 몸과 마음이 다 상한다. 분노를 참다 보면 우울증이 생길 수 있다. 우울증이 생기면 가까운 친구들을 만나는 것조차 꺼리게 된다.

성형수술을 부득이 해야 할 경우가 있다. 약간의 도움을 받는 것은 이해할 만하다. 그러나 심리적으로 '취약한 자기'가 치료되지 않은 채 성형수술에 집착하면 대인관계에 부작용만 생긴다, 일시적인 인정과 칭찬으로는 심리적 자기가 제대로 치료되기 어렵기 때문이다. 오히려 연극성 성격장애가 심해질 수 있다.

할머니는 할머니로서 인정받아야 대인관계가 자연스럽고 편안하다. 60대 할머니가 20대처럼 미니스커트에 단발머리를 하고 가슴이 파인 옷을 입고 다닌다면 그것은 자신에게 연극성 성격장애가 있음을 뭇 사람에게 알리고 다니는 셈이다. 심리적으로 성숙한 사람은 자신의 나이를 적절하게 인식하고 수용할 수 있는 힘이 있다.

당신은 혹시 외모에 대해서 자신이 없는가? 성형수술 할 돈이 있으면 마음 치료를 받는 데 투자하는 것이 훨씬 지혜롭다. 마음이 채워지고 심리적으로 성장하면 얼굴까지 예뻐진다. 표정이 달라지기 때문이다. 마음과 신체가 밀접하게 연결되어 있기 때문이다. 그야말로 일석이조다.

외모나 업적을 내세워 주목 받으려는 사람과 관계를 맺는 경험은 단조롭고 지루하다. 심하면 짜증난다. 결국 외모에 집착하는 것이 내면의 성장을 막는 걸림돌이 된다. 타인과의 치유적인 관계를 맺는 것에 걸림돌이 된다.

진실한 대인관계는 상대방의 마음을 볼 수 있는 눈이 있는 사람들에게서 가능하다는 사실을 명심해야 한다. 연극성적인 사람들은 겉은 화려하지만 가까이 가서 대화해 보면 내용이 별로 없다. 대인관계에서 기대가 크면 실망도 큰 법이다.

연극성 성격장애는 자기애성 성격장애와 형제지간이다. 그래서 보통 두 가지 성격장애를 함께 갖고 있을 때가 많다. 자기애성 성격장애자는 연극성 성격장애자와 마찬가지로 인정과 흠모를 원한다. 그러나 자기애성 성격장애자는 사람들이 주목하거나 흠모하지 않아도 자기 구조(self structure)가 무너지지 않는다(자기 구조란 집이라는 메타포를 사용한다면 집의 기초와 기둥에 해당하는 심리적 경험의 총체를 의미한다).

이들은 다른 사람들이 자신을 알아주지 않는 것을 오히려 이상하게 생각한다. 자신을 제대로 몰라서 그런 것이라고 다른 사람들을 탓하는 '외현화'(externalization) 기제가 있기 때문에 무너지지 않는다. 반면 연극성 성격장애자는 이 자기감이 너무 없어서 주목이나 인정을 받지 못하면 심리적으로 무너지는 취약성이 있다. 심한 경우 자살한다.

연극성 성격장애의 증상 역시 아이들의 심리적 특성이다. 아이들은 자랑하는 것을 좋아한다. 인정받고 칭찬 받고 주목 받고 싶어 한다. 아이들의 이런 행동은 정상적이다. 심리발달에서 거쳐야 할 경험이기 때문이다. 그러나 어른이 되었음에도 불구하고 인정 욕구가 여전히 크다면 심리적으로 미성숙하며 취약하다는 것을 뜻한다. 연극성 성격장애자들은 주로 성장기에 제대로 인정받지 못했을 가능성이 높다.

하나님은 인간관계를 주목하신다. 사람들과의 관계에서 자기를 자랑하며 드러내려는 자를 하나님은 미워하신다: "여호와께서 모든 아첨하는 입술과 자랑하는 혀를 끊으시리니"(시 12:3). 하나님의 자녀가 바리새인과 서기관처럼 외식하며 자랑한다면 하나님은 안타까워하실 것이다. 이미 "너는 내가 사랑하는 자녀다"라는 인정과 약속을 받았음에도 불구하고 만약 당신이 사람들로부터 인정을 구걸하고 있다면 하나님의 심정이 어떨까 생각해 보라.

자기애성의 경우와 마찬가지로 이들은 자신은 자랑하면서도 다른 사람이 자랑하는 것은 싫어하는 모순된 심리를 갖고 있다. "손주를 자랑하려면 만 원이라도 내놓고 자랑하라"는 말은 그런 심리를 잘 표현한다. 자랑하면 듣는 사람들이 인정해 줄 것 같지만 실상은 정반대다. 못마땅해 하거나 속으로 안타까워하거나 비웃는다. 설령 인정하고 주목해 준다고 할지라도 그 약발은 오래 못 간다. 밑 빠진 독에 물 붓는 것처럼 곧 결핍감을 느낄 수밖에 없다.

 치유와 극복 방안

1) 자랑 욕구와 관련된 역동성을 인식한다.

왜 자랑하고 싶을까? 왜 자랑해도 공허할까? 자랑했을 때 과연 치료가 되었던가? 이와 같은 질문을 스스로 던져야 한다. 자랑하고 싶은 마음이 올라올 때 브레이크를 밟아야 한다. 자기도 모르게 자랑하고 나서 후회하는 행동을 반복하지 않도록 해야 한다.

2) 하나님이 "너는 내가 사랑하는 자녀다"라고 인정해 주시고 축복하고 계심을 의식화한다.

하나님이 기름으로 당신의 머리에 부으시며 잔에 넘치도록 은혜를 부어 주셨음을 기억해야 한다(시 23:5 참조). 매주 예배 순서 끝에 담임목사를 통해 말씀하시는 하나님의 '좋은 말'(benediction)을 내면화

하고 기억해야 한다: "주 예수 그리스도의 은혜와 하나님 아버지의 사랑과 성령의 교제하시며 위로하시는 은혜가 너희에게 지금과 영원토록 함께하실지어다." 축도는 세상을 향해 나아가는 하나님의 자녀에게 하나님이 반복해서 해 주고 싶은 격려의 말이자 따뜻한 말이다. 이 축도를 귀에 못이 박히도록 듣고도 하나님의 인정과 사랑을 내면화하지 못한 성도들이 너무 많다. 의식화해야 한다. 그 말의 힘이 심리적인 뼈와 살이 되도록 잘 인식하고 되새겨야 한다.

당신은 자라면서 누구에게 인정을 받았는가? 아버지나 어머니가 칭찬을 잘해 주시는 분이었는가? 당신을 믿어 주셨는가? 혹시 성장기에 인정받지 못하고 주목 받지 못함으로 생긴 마음의 생채기가 지금도 당신의 마음에 살아서 역사하고 있는가?

이제는 당신이 더 이상 어린 아이가 아님을 기억하라. 바울 사도가 잘 지적했듯이 이제는 어린 아이의 생각과 느낌과 행동을 벗어 버려야 한다(고전 13:11 참조). 문제는 인정과 칭찬의 경험이 없이는 벗고 싶어도 벗어지지 않는다는 데 있다.

이 인정과 칭찬을 누구에게서 받느냐가 중요하다. 사람들로부터 받는 인정과 칭찬은 진정한 의미에서 치유를 가져올 수 없다. 만유의 주 되신 삼위 하나님만이 당신을 인정함으로써 치료하실 수 있다. 이 사실을 의식화할 때 사람들을 향한 자랑의 욕구가 점점 줄어드는 당신의 모습을 발견할 수 있을 것이다.

3) 하나님을 자랑하고 타인을 자랑한다.

정작 자랑해야 할 예수님과 복음을 자랑하지 못할 때가 많다. 당신은 예수님을 얼마나 자랑해 왔는가? 당신이 속한 교회를 얼마나 자랑스럽게 여기는가? 예수님을 자랑하는 자가 돼라. 다른 사람을 헐뜯는 대신 그 사람을 타인들 앞에서 인정하고 칭찬하는 말을 하라. 그러면 대인관계가 좋아질 것이다.

"도 아니면 모"

경계선 성격장애

경계선(borderline) 성격장애를 가진 사람의 증상은 마음에 드는 사람을 지나칠 정도로 이상화하는 것이다. 문제는 동일한 사람이 조그만 실수나 잘못을 저지르면 지나치게 실망하거나 가치절하한다는 것이다.

이런 사람은 대인관계가 매우 불안정하다. 이런 사람은 자신의 삶도 힘들고 상대방도 힘들게 한다. 좋을 때는 너무 좋아한다. 그러나 싫을 때는 너무 싫어한다. 싫을 때는 일시적으로 해리 상태에 빠질 정도로 격노한다. 크리스천이어도 격노하면 입에 담기 힘든 욕설을 하며 상대방에게 폭행을 가하기까지 한다. 이런 사람은 '도 아니면 모' 식으로 사람들과 관계를 맺는다. 개, 걸, 윷은 존재하지 않는다.

그래서 경계선 성격장애자의 대인관계는 힘들다. 그리고 타인들 역시 경계선 성격장애를 가진 사람과 대인관계를 갖는 것이 매우 조심스럽다. 언제 기분이 바뀔지 모르기 때문에 마치 살얼음판을 걷는 것 같다. 그러니 오래 견뎌 내기가 어렵다. 한두 번이 아니기 때문이다.

배우자가 경계선 성격장애를 갖고 있으면 결혼생활이 고통스럽다. 부모가 경계선 성격장애를 갖고 있다면 자녀는 불안에 매우 취약해진다. 부모의 기분에 맞춰서 살아야 하니 고통스럽기 때문이다. 그리고 그 자녀는 자라서 부모처럼 경계선 성격장애를 가질 가능성이 높다.

경계선 성격장애를 가진 사람은 마음에 드는 사람을 만나면 단시간에 매우 가까운 관계를 맺는다. 그런데 상대방 역시 경계선 성격장애적인 심리 구조를 가졌다면 순식간에 서로한테 빠져서 맹목적인 관계를 맺게 된다. 이 관계는 안타깝게도 미성숙하고 어리석다.

경계선 성격장애의 증상은 자기애성과 연극성 성격장애와 마찬가지로 성장기 단계를 거칠 때 일정 기간 동안 경험하는 현상이다. 대상항상성(object constancy)이 형성되기 전 단계에서 주로 부모 대상과 불안정한 애착 관계를 형성할 때 아이는 이상화와 가치절하를 경험한다. 대상항상성이란 심리발달 과정에서 아기의 상태와 관계없이 일관성 있게 대상관계를 맺어 줄 수 있는 부모의 심리적 능력 또는 아기가 부모와 안정된 대상관계 경험을 통해 일관성 있는 대상으로 인식하고 관계할 수 있는 능력을 의미한다. 아이가 부모 대상과 불안정한 애착

관계를 형성할 경우 엄마 또는 아빠가 좋을 때는 너무 좋고 싫을 때는 너무 싫게 느껴지는 양극단의 심리적 경험을 하게 된다. 실제로 부모가 그렇게 대하기 때문에 양극단적인 경험을 할 수도 있다.

그러나 아이가 심리적으로 성장하면 엄마나 아빠가 좋은 면과 안 좋은 면을 아울러 갖고 있는 현실적인 대상으로 인식하기 시작한다. 그렇게 되면 안정된 애착관계와 대상항상성을 유지하는 심리적 능력이 생긴다. 그러나 불안정한 대상 단계에서 고착되면 성인기에 접어들어 경계선 성격장애로 진단 받을 가능성이 높다.

크리스천이라고 해서 완벽하거나 의로운 자가 아니다. 완전한 사람은 참 하나님이자 참 인간이 되신 예수 그리스도밖에 없다. 모든 인간은 여전히 불완전한 면이 있으며 죄성이 있다. 크리스천이라고 예외가 아니다. 여전히 성격장애적 요소가 있는 존재다. 그렇다고 해서 인간이 100퍼센트 악한 존재는 아니다. 100퍼센트 성격장애자도 없다. 크리스천도 정도의 차이가 있을 뿐이지 선한 면과 악한 면이 공존하는 존재다.

불완전한 인간이 예수님을 믿고 예수님을 닮아 가는 과정이 성화다. 성령이 성화의 과정에 역사하시며 도우신다. 그럼에도 불구하고 이 땅에서의 성화는 미완성으로 끝난다.

지상 교회는 불완전하다. 왜냐하면 모인 자들이 불완전하기 때문이다. 목사부터 불완전하다. 성도들도 불완전하다. 여전히 부족함과 연약함 그리고 뿌리 깊은 죄성이 있음에도 불구하고 은총을 입어 교회의 구성원으로 살고 있는 것이다.

교회를 향하여, 목회자와 크리스천들을 향하여 온갖 악플과 욕설을 쏟아 내는 사람들이 적지 않다. 여기에는 교회의 책임이 크다. 하지만 이들의 극단적인 표현은 경계선 성격장애적인 증상과 상당히 일치한다. 그런 점에서 그들의 평가를 듣고 교회가 스스로 가치절하하는 것은 지혜롭지 않다. 걸러서 들을 필요가 있다.

일부 경계선 성격장애자들은 내면적으로 허약하다고 느낄 때마다 성관계를 통해서 자신의 존재가치를 확인하려고 한다. 상대방이 성을 통해 자신을 필요로 하고 자신의 필요를 상대방이 채워 주기 때문이다. 이들은 자존감이 약해질 때 섹스를 강박적으로 원한다. 그래서 초면인 사람과도 쉽게 섹스를 한다. 일시적으로 상대방을 이상화하기 때문이다. 성관계가 끝나면 쉽게 헤어진다. 가치절하하기 때문이다. 섹스 상대로서 상대방의 효용가치가 끝났기 때문이다. 그러면 새로운 대상을 찾아 나선다.

경계선의 역동성을 다윗 왕의 맏아들이던 암논이 배다른 여동생 다말과 맺었던 일시적인 관계에서 발견할 수 있다. 암논은 다말을 '전체 대상'(whole object)으로서 대하지 못했다. 전체 대상이란 대상의 전체적인 모습을 의미한다. 즉 대상을 좋은 면과 부족한 면을 복합적으로 가진 존재로서 인식하는 것이다. 반면에 '부분 대상'(part object)은 복합적인 대상의 다양한 국면 중에서 일부를 의미한다. 즉 부분적인 면을 보고 마치 그 사람의 전체인 양 이해하고 경험하는 것을 말한다. 이 또한 심리적으로 미성숙한 모습이다. 암논은 이성적인 관심을 끄는 대상이자 성적 욕구 충족의 대상으로서 부분 대상에 집착했던 것이다. 그는 심리적으로 '약'했다. 신앙적으로 말하자면 '악'했다. 그는 미칠 정도로 좋아했던 다말을 강간한 후에 곧바로 실망해서 그녀를 집에서 쫓아냈다. 다말과 결혼함으로써 실제적이며 현실적인 책임을 지고자 하는 마음도 없었다. 그의 이 같은 행동은 경계선 성격장애의 역동성을 잘 설명한다.

사울 왕에게서도 경계선 성격장애의 역동성을 발견할 수 있다. 그는 다윗을 죽이려고 쫓아다닐 만큼 매우 광포함을 드러냈다. 다윗을 도와주었다는 이유로 제사장과 그들의 일족을 모두 살해할 만큼 극도의 분노를 느꼈다. 그러나 자신을 죽일 수 있음에도 불구하고 죽이지 않은 다윗의 마음을 알고는 즉시 유순해져서 자신의 행동을 후회하며 다윗에게 용서를 구했다. 그러나 얼마 안 가서 다시 다윗을 죽이려고 추격하는 광기를 반복적으로 드러냈다.

암논이나 사울 왕의 경우에서 볼 수 있듯이 경계선 성격장애자의 대인관계는 불안정해서 믿을 수가 없다. 불안정하다는 것 하나는 예측할 수 있다.

경계선 성격장애자가 대인관계에서 씨름하는 이슈는 거절과 버림받음에 대한 불안 또는 두려움이다. 이런 사람은 거절당하거나 버림받는 것에 대한 과도한 불안과 공격성을 느낀다. 데이트하는 청년이라면 헤어질까 봐 두려워한다. 상대방이 거절할 것처럼 보이면 자신이 먼저 거절하는 것을 선택하기도 한다. 왜냐하면 거절당하는 것이 견디기 힘들기 때문이다.

경우에 따라선 헤어지자는 상대방에게 더 집착한다. 자살하겠다고 상대방을 위협하기도 한다. 이 장 앞부분에서 언급했던 C의 사례에서 볼 수 있듯이 실제로 자살하는 경우도 있다. 심지어 상대방의 얼굴에 화학약품을 뿌리는 사이코패스적인 경계선 성격장애자도 있다. 극단적인 경우에는 상대방을 무참히 살해하는 이들도 있다. 이와 같은 행동은 못 먹는 밥에 재 뿌리겠다는 식의 매우 이기적이며 미성숙한 대인관계 행동이 아닐 수 없다.

이런 관계는 중독적인 관계다. 아울러 불안과 두려움이 상존하는 관계다. 데이트하는 과정에서 상대방이 경계선 성격장애적 역동성을 드러낸다면 신중하게 데이트하는 분별력이 필요하다. 자칫하면 헤어지고 싶어도 헤어지지 못하고 결혼해야 할 위험성이 크다. 이 경우 결혼한 후에 많이 후회하게 된다.

경계선 성격장애를 가진 사람은 기분이 아주 저하되면 자살 충동을 느낀다. 주로 손목을 면도칼로 긋는 행동을 하는 것이 특징이다. 그런데 이런 자살 위협 행동은 그의 의사소통 방식 중 하나라고 볼 수 있다. 자신의 취약한 내면을 채워 달라는 상징적 언어인 것이다. 고통을 느낌으로써 자신이 살아 있다는 것을 확인하고자 하는 행동이다.

보통 경계선 성격장애자는 죽지 않을 만큼 자살을 시도한다. 그리고 반복적으로 시도한다. 그 이유는 무의식적으로 주변 가족이나 친구들로부터 사랑과 관심을 받고 싶기 때문이다.

죽을 의도까지는 없었는데 손목의 혈관을 잘못 건드려서 응급실에 도착하기 전에 피를 많이 흘려 죽는 경우가 종종 발생한다. 따라서 크리스천이라고 할지라도 경계선 성격장애를 가진 사람과 대인관계를 할 때에는 자살의 위험성을 염두에 두어야 한다.

경계선 성격장애자는 거절당하는 것을 원하지 않는다. 역설적인 현실은 대인관계가 극단적이기 때문에 결국 주위 사람들이 지쳐서 자신을 거절하게끔 만드는 것이다. 웬만한 인내심을 갖지 않으면 수시로 기분이 오르락내리락 하는 경계선 성격장애자와 대인관계를 지속하기란 어렵다. 경험이 많은 상담사도 이런 내담자를 만나면 포기하고 싶을 정도다.

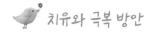 치유와 극복 방안

1) 대상항상성을 제공하시는 하나님이 당신을 끝까지 붙드심을 믿는다.

성장기에 겪은 불안정한 경험이 현재의 경계선 성격장애적인 모습에 영향을 끼친다는 것을 인식하는 것이 중요하다. 혹시 당신에게 경계선 성격장애의 역동성이 있는가? 그렇다면 취약한 심리 구조를 갖고 살아왔음에도 불구하고 지금까지 붙들어 주신 하나님께 감사하라.

자살 충동을 느꼈음에도 불구하고 자살을 시도하지 않았거나 자살이 실패로 돌아갔음에 감사하라. 하나님의 도우심과 인도하심이 있었음을 기억하고 감사하라.

상담사도 지치면 경계선 성격장애자를 포기할 수 있다. 그러나 하나님은 결코 포기하지 않으신다. 끝까지 견디시는 무한한 능력의 하나님이시기 때문이다. 하나님은 대상항상성이 풍성하신 분이다.

이전보다 이상화와 가치절하의 역동성이 약해졌다면 당신에게 치료가 일어나고 있는 것이다. 이전보다 조금이라도 안정되고 있다면 치료가 되고 있는 것이다. 성장하고 있는 것이다.

2) 상대방의 장점과 단점을 아울러 볼 수 있도록 노력한다.

어느 한 면만 보는 것은 심리적으로 미성숙함을 드러내는 증상이다. 이상화와 가치절하의 패턴이 당신에게 있지 않은지 돌아보라. 너무 좋아하거나 너무 싫어하는 감정이 들 때 문제가 당신에게 있다는 것을 자각해야 대인관계에서 성장이 일어날 수 있다.

3) 거절당해도 괜찮다고 자신을 다독인다.

거절당하는 경험은 인생에서 파국이 아니다. 또 다른 가능성을 의미한다. 거절을 통해서도 하나님은 역사하신다는 점을 기억하라.

거절당하는 것은 수치스럽고 마음이 쓰린 경험이다. 그러나 거절이 또 다른 기회가 될 수 있다고 믿는 것이 중요하다. 사람의 거절을 통해서 역사하시는 하나님의 큰 손길을 바라볼 때 거절 자체를 덜 두려워하게 된다. "온 세상 날 버려도 주 예수 날 안 버려 끝까지 나를 돌아보시니"라는 찬송 가사는 진리다. 하나님은 절대 포기하거나 거절하지 않으신다는 성경적인 진리를 믿고 다시 일어서라.

상대방은 당신에게 거절할 수 있는 권리가 있다. 당신이 상대방에게 거절할 수 있는 권리가 있는 것과 마찬가지다. 거절당할까 봐 불안해하는 당신을 스스로 다독일 수 있는(self-soothing) 능력이 필요하다. 아이는 심리적으로 성장하면서 자신을 달랠 수 있는 힘을 조금씩 갖게 된다. 그런 아이는 이미 부모가 다독여 주는 따스한 경험이 자기화된 아이다. 반면 환상을 통해 자기를 다독이면 자기애성 성격장애가 될 가능성이 있다.

나는 삶에서 거절을 많이 경험했다. 물론 거절할 때도 여러 번 있었다. 거절당한 한 예를 든다면, 나는 유학 중 박사과정을 여러 곳에 지원했는데 모두 불합격 통지서를 받았다. 임상목회교육이라는 임상 훈련의 레지던트 과정을 밟아야 내가 원하던 남침례교신학교의 박사과정에 진학할 수 있었다. 그런데 나는 레지던트 과정을 제공하는 병원 중 그 어느 곳에서도 합격 통지서를 받지 못했다. 대여섯 곳은 직접 인터뷰까지 했지만 결과는 불합격이었다.

잠시 숨을 돌리기 위해 한인이민교회의 전임 사역자로 섬겼는데 1년이 채 못 돼 심리적으로 안정적이지 못한 한 동역자와 갈등을 겪다가 결국 사임을 했다. 그와 겪은 몇 달간의 갈등은 너무 고통스러웠다.

그러나 하나님은 내가 그 교회에서 사임하는 과정에서 새로운 기회의 문을 열어 주셨다. 그동안 반복적으로 거절당하던 레지던트 과정이 그제야 열린 것이다. 그 시절을 돌아볼 때 여러 번 반복된 거절의 경험은 결코 무익하지 않았다. 취약한 나를 빚으신 하나님의 손길이었기 때문이다.

4) 대상항상성과 회복탄력성(resilience)을 유지한다.

대상항상성을 제공해서 배우자를 치료하는 이들을 상담 현장에서 종종 만난다. 힘든데도 불구하고 포기하지 않고 견뎌 내는 분들을 보면 존경스럽다. 그러나 많은 경우 경계선 성격장애자와 함께 사는 배우자는 심리적으로 상대방을 닮을 위험성이 높다.

아무튼 경계선 성격장애를 가진 사람과 대인관계를 지속하기 위해서는 공격성을 감당할 수 있는 맷집이 필요하다. 인내하는 사랑을 하다 보면 주님의 모습을 닮게 된다. 힘들 때마다 주님의 십자가 고난을 묵상하면서 참는 것은 신앙적으로 좋은 방법이다.

"거짓말하는 게 왜 나쁘지?"

반사회성 성격장애

반사회성(antisocial) 성격장애자는 대인관계에서 거짓말과 사기에 능숙하다. 보통 사람들은 거짓말을 하면 양심의 가책을 느끼고 괴로워한다. 그러나 반사회성 성격장애자는 내적인 갈등을 거의 겪지 않는다. 왜냐하면 초자아의 기능이 발달되지 않았기 때문이다.

증언대 앞에서 진실만을 말하겠다고 서약하고는 돌아서서 눈동자도 흔들리지 않고 거짓말하는 이들이 있다. 사회적으로는 지위를 가진 자이지만 그 속사람이 거짓의 아비 마귀에게 속한 사람이다.

반사회성의 사람들은 보통 지적 능력이 평균 이상이다. 머리가 나쁜 사람은 반사회성 성격장애자가 되기 어렵다. 문제는 그 좋은 머리를 사기 치고 거짓말하는 데 사용한다는 사실이다. 자기의 유익을 위해서 많은 사람들을 속여 궁지에 몰아넣고도 두려워하거나 괴로워하지 않는다. 잘 먹고 잘산다. 설령 범죄자로 체포가 되어도 피해자들에게 별로 미안해하지도 않는다.

반사회성의 사람들은 마귀와 닮았다. 마귀는 거짓의 아비라고 예수님은 그 특성을 지적하셨다. 처음부터 마귀는 사기꾼이었다.

영적으로 말하면 많은 사람들이 예수님을 모른 채 마귀에게 속고 산다. 마치 이 세상이 전부인 것처럼 속아서 산다. 대인관계에서 서로 속이며 속기도 하면서 산다.

마귀가 예수님을 광야에서 시험할 때 하나님의 말씀을 인용하면서 유혹했다. 그리고 마치 자신이 온 세계의 주인인 것처럼 행세했다.

반사회성의 사람들은 사이코패스적이다. 소시오패스적(sociopathic)이다. 타인에게 피해와 고통을 주고도 슬퍼하거나 괴로워하지 않는다. 자기애성 성격장애자의 증상이 반사회성 성격장애자에게서 훨씬 명료하게 나타난다. 둘은 자기의 유익을 위해서 타인을 이용한다는 점에서는 비슷한데 반사회성이 자기애성보다 훨씬 악하다. 자기가 피해를 입힌 사람에게 전혀 미안해하지 않는 것이다.

성경은 반사회성의 사람들을 '악인'이라고 규정한다. 악인의 특징은 악행하는 것을 기뻐하는 것이다. 시편의 시인은 악인의 특성을 다음과 같이 잘 묘사하였다: "그의 입에는 저주와 거짓과 포악이 충만하며 그의 혀 밑에는 잔해와 죄악이 있나이다 그가 마을 구석진 곳에 앉으며 그 은밀한 곳에서 무죄한 자를 죽이며 그의 눈은 가련한 자를 엿보나이다 사자가 자기의 굴에 엎드림같이 그가 은밀한 곳에 엎드려 가련한 자를 잡으려고 기다리며 자기 그물을 끌어당겨 가련한 자를 잡나이다"(시 10:7-9). 이들은 악을 행한 것에 대한 회한, 슬픔, 또는 자책 대신에 오히려 쾌감을 느낀다.

악을 반복적으로 행하는 이유는 악행이 가져다주는 결과가 자신에게 이익이 되기 때문이다. 예를 들면, 좋은 머리를 악용하여 타인의 은행구좌를 해킹해서 돈을 쉽게 빼서 쓰면서 그것을 소득으로 간주한다. 남의 피땀 어린 돈을 훔쳐서 흥청망청 써도 전혀 두렵거나 불안해하지 않는다. 성경의 표현에 따르면 이들의 양심은 불로 연단된 자들이다.

반사회성 성격장애자는 또한 폭력성이 있다. 언어폭력, 신체폭력, 성폭력 등 대인관계에서 타인들을 위협하거나 죽이기까지 한다. 그리고 타인에게 두려움의 대상이 되는 것을 좋아한다.

하나님은 반사회성 성격장애자의 삶을 미워하신다. 왜냐하면 하나님은 각종 폭력과 폭행을 미워하시는 공의의 하나님이기 때문이다: "여호와는 의인을 감찰하시고 악인과 폭력을 좋아하는 자를 마음에 미워하시도다"(시 11:5).

악과 폭력은 하나님의 형상을 따라 지음 받은 인간의 원래 모습이 아니다. 아담과 하와가 죄를 범한 후에 태어난 가인은 그의 동생 아벨을 시기해서 살해한 반사회성 성격장애자이자 악행자였다. 이와 같이 하나님의 형상이 훼파된 인간의 첫 증상은 반사회적 행동이었다.

이런 점에서 반사회성 성격장애자는 가인의 후예다. 더 거슬러 올라가면 마귀의 자손이다. 회개하지 않는 한 마귀가 심판을 받는 날에 함께 심판을 받게 될 자다.

사사기에 나오는 아비멜렉은 사사 기드온의 첩에게서 태어난 아들이다. 그는 기드온의 아들들 70명을 죽이고 스스로 왕이 된 무자비한 사람이다(삿 9:5). 몰래 살아남은 막내 요담은 그를 '가시나무'에 비유했는데 적절한 비유다.

조성모가 부른 '가시나무새'의 가사를 쓴 시인 하덕규의 마음은 오히려 반사회성 성격장애와 거리가 멀다.

내 속엔 내가 너무도 많아 당신이 쉴 곳 없네

내 속엔 헛된 바램들로 당신이 편할 곳 없네

내 속엔 내가 어쩔 수 없는 어둠 당신의 쉴 곳을 뺏고

내 속엔 내가 이길 수 없는 슬픔 무성한 가시나무숲 같네

바람만 불면 그 메마른 가지 서로 부대끼며 울어대고

쉴 곳을 찾아 지쳐 날아온 어린 새들도 가시에 찔려 날아가고

바람만 불면 외롭고 또 괴로워 슬픈 노래를 부르던 날이 많았는데

내 속엔 내가 너무도 많아 당신은 쉴 곳이 없네

이 가사에 표현된 시인은 어쩔 수 없는 자기중심성 때문에 상대방

에게 마음의 공간을 내줄 수 없는 자신을 인식하고 괴로워하며 슬퍼하는 사람이다. '서시'에서 "잎새에 이는 바람에도 나는 괴로워했다"라고 표현한 시인 윤동주의 마음과 같은 마음을 가진 자다. 자신이 가시나무 같다는 인식을 하는 사람은 반사회성 성격장애자가 아니다. 왜냐하면 반사회성 성격장애자는 병식(病識)이 없거나 약해서 자신이 가시나무라는 사실을 모른다. 피드백해 주어도 인정하지 않는다.

자신을 십자가에 못 박는 현장에서 침 뱉고 조롱하는 악한 자들을 위하여 예수님은 "아버지 저들을 사하여 주옵소서 자기들이 하는 것을 알지 못함이니이다"(눅 23:34)라고 기도하셨다. 악인들의 '알지 못함'이라는 역동성을 예수님은 아셨다.

자기애성도 마찬가지지만 반사회성을 가진 사람은 사는 날 동안 날마다 죄를 짓는다. 알고 짓고 모르고 짓는다.

점점 무정해지는 현대 사회는 가시나무와 같다. 가시나무는 외부의 접근을 막고 자신을 보호하기 위해서 가시를 사용한다. 요즘의 가시나무는 자신이 다가가서 적극적으로 가시로 찌르는 변종이다.

초등학교 아이들 중에서조차 동급생을 때리거나 왕따시키거나 잔혹한 방법으로 괴롭히는 아이들이 많아지고 있다. 각종 폭력적인 행동을 하는 성인들이 많아지고 있다. 이제는 여성들 중에도 폭력적인 여성들이 늘고 있다. 두려운 세상이다.

폭력을 좋아하는 자들과 어울리면 폭력적이 된다. 폭력적인 아버지나 어머니와 대상관계가 되면 자녀가 폭력적인 인격을 가진 자로 성장할 위험성이 높다. 태어날 때부터 반사회성 성격장애자가 되기 위해 태어난 아기는 없다. 보편적인 죄성을 갖고 있지만 이 죄성을 부추기고 공격성을 부추기는 양육 환경에 노출되면 어느 시점부터 폭력을 학습하고 다른 사람들에게 폭력을 행사하는 것이다.

의로운 재판장이신 예수님은 마지막 심판 날만 아니라 현재도 폭력을 행사한 악인들에 대해서 심판하시며 심판하실 것이다. 당장에 심판이 임하지 않는다고 담대하게 반사회적인 삶을 지속하는 자는 홀연히 임하는 심판을 당하게 될 것이다.

이 책을 마무리하는 시점에서 북한의 김정남이 피살된 뉴스가 연일 보도되었다. 북한 공산 정권을 유지하기 위해 수십 년 동안 참혹하게 폭력을 행사해 온 자들을 의로운 재판장이신 하나님이 분명히 심판하실 날이 올 것이다. 회개하지 않는다면 이들은 영원한 지옥불에 들어갈 것이다.

뇌물을 주고받는 것은 반사회적인 행동이다. 뇌물을 받을 때는 우선 기분이 좋겠지만 결국 뇌물은 자신과 상대방을 망하게 만든다. 예기치 못한 사건이 터지면서 과거 뇌물을 받은 사실이 드러나 감옥에서 수치를 당하는 자들이 적지 않다. 그러나 "뇌물을 받고 무죄한 자를 해하지 아니하는 자"(시 15:5)는 대인관계에서 두려워할 필요가 없다.

뇌물을 받고 무죄한 자를 유죄한 자로 만드는 판사나 검사나 변호사들이 있다. 강심장을 가진 자들이다. 자신의 유익을 추구하기 위해 피해자를 가해자로 만드는 것이 양심에 조금도 걸리지 않는 자들이 현실적으로 존재한다.

최소한의 이웃 사랑은 이웃에게 악을 행하지 않는 것이다. 시편 기자는 "그의 이웃에게 악을 행하지 아니하며 그의 이웃을 비방하지 아니하며"(시 15:3)라고 대인관계에서 소극적인 이웃 사랑의 필요성을 잘 지적했다. 예를 들어, 타인을 비방하거나 거짓말로 고소하거나 거짓 증거 하지 않는 것이 기본 상식이자 예의다. 이웃을 위하여 적극적으로 선을 행하지 못할망정 이웃을 괴롭히며 거짓으로 소문을 만드는 것은 사악한 죄다. 하나님은 십계명에서 거짓 증거하지 말라는 계명을 명시적으로 주셨다.

무고죄가 성행하는 오늘의 시대는 안타깝게도 반사회성 사회라고 진단할 만하다. 안타깝게도 인간의 탈을 쓰고도 짐승보다 못한 마음을 가진 자들이 적지 않다.

 치유와 극복 방안

반사회적인 사람과 동행하지 않는다.

관계에서 어떤 사람과 동행하느냐에 따라서 결과가 달라진다. 어리석은 사람, 반사회적인 사람, 자기중심적인 사람과 동행하면 닮게 된다. '근묵자흑 근주자적'(近墨者黑 近朱者赤)이라는 말이 있듯이 반사회성의 사람을 가까이하면 상처를 입는다: "노를 품는 자와 사귀지 말며 울분한 자와 동행하지 말지니 그의 행위를 본받아 네 영혼을 올무에 빠뜨릴까 두려움이니라"(잠 22:24-25). 피해자가 될 뿐 아니라 닮는다. 그래서 자신도 가해자가 된다.

성경은 악인과 동행하지 말라고 권면한다. 특히 잠언 기자는 그들이 함께 악을 행하자고 꾀거나 동업을 하자고 유혹하더라도 연대하지 말라고 권면한다(잠 1:14-15 참조). 반사회성의 사람은 가까이하지 않는 것이 자신과 가족을 보호하는 길이다.

반사회성의 사람은 속임과 사기와 조종에 능하기 때문에 어리숙한 사람은 그의 밥이 된다. 이단도 여기에 해당된다. 양의 가죽을 쓰고 양을 노략하는 이리와 같은 이단을 분별하는 지혜를 가져야 한다. 감언이설에 속아서는 안 된다.

반사회성의 사람도 치료 받고 회복되는 것이 하나님의 뜻이다. 하지만 하나님의 강권적인 역사가 없이는 쉽게 치료되지 않는다는 사실을 인정할 필요가 있다. 안타깝게도 이런 사람은 스스로 상담을 요청하지도 않는다.

걸림돌 5

"실수하는 건 못 참아!"

강박성 성격장애

E는 가부장적인 아버지에게 거의 항상 순종적인 삶을 살았던 어머니 사이에서 태어난 첫째 아들이었다. 아버지는 잔소리가 많았고 매사에 확인하며 실수하는 것을 잘 용납하지 않았다. 어머니는 남편과의 관계에서 친밀감을 경험하지 못하는 화난 마음과 우울한 마음을 E에게 표현했다. 어머니는 어떤 때는 사소한 잘못에도 화를 내며 때리는가 하면, 어떤 때는 지나칠 정도로 보호하며 챙겼다. 남동생과 여동생이 2년 터울로 태어났지만 아버지와 어머니가 E에게 보이는 태도에는 큰 변화가 없었다. 30대 초반이 되었을 때 E는 사귀던 여자 친구와 결혼했다. 결혼 후 3년 정도 지났을 때 E의 아내는 남편과 사는 것

이 점점 힘들어지는 것을 느꼈다. 왜냐하면 남편이 사소한 일에도 간섭하고 잔소리가 심했기 때문이다. 게다가 운전대를 잡으면 끼어드는 차가 있을 경우 끝까지 양보하지 않고 가로막아서 옆에 앉아 있기가 불안할 정도였다.

F는 70대의 남성 내담자였다. 아내의 성화에 마지못해 상담 받으러 온 그는 지금까지 성실하게 살아왔건만 가족들이 자신을 투명인간 취급한다고 했다. 자신은 법 없이도 살 수 있을 만큼 양심적으로 살았고 사회생활 하는 중에도 흠 잡힐 일 없이 살았다고 했다. 나는 그가 예수님을 믿지 않지만 성실하게 살아왔다는 걸 느낄 수 있었다.

F는 자수성가한 자신의 삶에 비해서 자녀들의 삶이 너무 나태하고 추진력이 없다고 불만을 털어놓았다. 하지만 아내의 이야기는 달랐다. 아내는 남편이 이제는 잔소리를 덜하고 자녀들에게 너그러워졌으면 좋겠다고 말했다. 남편이 집에 들어오면 숨이 막힌다고 호소했다. 남편은 이런 아내의 말이 자기에게 상처가 된다고 했다.

완벽주의와 삶의 전반에 불안이 깔려 있는 것이 특징인 강박성(obsessive-compulsive) 성격장애를 가진 사람은 마음이 좁다. 밴댕이 속과 같은 사람이라는 말을 듣는다. 주변에 좋아하는 사람들이 별로 없다. 가족들조차 피한다.

이런 사람은 보통 잔소리가 많은 편이다. 잔소리가 많은 것은 삶의 전반에 불안이 깔려 있기 때문이다. 이런 사람이 부모가 되면 배우자와 자녀들과의 관계가 어려워진다. 잔소리를 좋아하는 사람은 없기 때문이다.

경제적으로는 지나치게 검소한 것이 한 증상이다. 자신만 검소한 것이 아니라 가족들에게까지 지나치게 검소하게 살 것을 요구한다. 가족들에게는 매우 인색하면서 타인에게는 너그럽게 돈을 쓰는 모순된 모습을 보이는 경우가 더러 있다. 이런 경우 가족들은 더 화가 난다. 가까운 사람에게는 인색하면서 타인에게만 너그럽기 때문이다.

강박성 성격장애자와 대조되는 사람은 온유한 사람이다. 온유한 사람은 마음이 넓다. 포용적이다. 웬만한 사람들은 다 이해하고 너그럽게 받아 준다. 수용적이다. 상대방의 사소한 잘못은 간과한다. 설령 실수해도 적절하게 눈감아 줄 수 있는 마음의 여유가 있다.

강박성 성격장애자의 이슈는 불안이다. 삶의 전반을 지배하는 이 불안을 해결하기 위해 그는 삶의 모든 영역을 통제하려고 한다. 자신이 삶의 주인이 되어야 한다. 모든 것을 빈틈없이 해야 하며 실수하면 안 된다.

이런 모습은 대인관계에서도 나타난다. 실수하지 않으려다 보니 긴장하게 되고 친밀감을 누리지 못한다. 자신의 약점을 노출하지 못한다. 심지어 타인을 통제하려고 한다. 자녀도 통제하고 배우자도 통제한다. 상대방을 숨 막히게 한다. 화나게 만든다. 결국 관계가 손상되고 만다.

강박성 성격장애를 가진 사람은 대인관계에서 큰 그림을 보지 못한다. 숲을 보고 나무를 봐야 하는데 숲을 볼 줄 모른다. 주제와 핵심을 제대로 파악하지 못해서 의사소통에 어려움이 있다.

강박성 성격장애자는 완벽주의자다. 완벽주의자는 일종의 가학증 또는 피학증을 가진 자다. 자신의 완벽주의를 주위 사람들에게 투사하여 상대방을 괴롭히기 때문이다. 더 나아가 자신을 계속 들들 볶으면서 자신을 늘 패배시키는 삶을 산다는 점에서 피학적이다. 완벽주의자는 자신을 제일 힘들게 한다. 과민하게 기능하는 양심 또는 초자아를 가지고 있기 때문이다.

바리새인과 서기관들은 강박성 성격장애자였다. 강박적으로 율법을 지키려 했고, 규범을 세부화해서 자신뿐 아니라 다른 사람들도 율법 준수자로 만들고자 했다. 율법을 준수하지 않으면 엄격하게 처벌했다. 예수님은 그들이 자비와 인애를 구하시는 하나님의 마음을 알지 못한다고 꾸짖으셨다. 스스로 의롭다고 생각해서 다른 사람들을 정죄하고 판단하는 그들이 오히려 하나님 나라에 들어가려는 사람들에게 걸림돌이라고 신랄하게 비판하셨다.

다른 성격장애들도 마찬가지이지만 예수님은 강박성 성격장애가 전혀 없는 분이다. 숲을 보지 못하고 나무 몇 그루만 보는 분이 아니다. 공생애 동안 그는 율법의 세부 규정에 매이지 않으셨다. 피곤할 때 쉴 줄 아셨다. 지나치게 인색하지 않으셨다. 오히려 하나님과 돈을 함께 섬길 수 없다고 말씀하셨다. 철저하게 하나님의 뜻을 분별하며 순종하셨다. 자기 뜻대로 행동하지 않으셨다. 예수님의 말씀은 잔소리 같은 말씀이 한 마디도 없다. 핵심과 원리를 꿰뚫는 지혜로운 말씀만

하셨다.

강박성 성격장애의 증상들 중 하나는 정리정돈에 집착하는 것이다. 강박적으로 청소하며 질서정연한 것을 요구하는 사람은 대인관계가 어렵다. 집 안에서도 쉼을 누리기가 어렵다. 이런 사람은 냉장고 안에 음식물들을 강박적으로 정돈한다. 심한 경우에는 일일이 이름표를 붙여서 정리한다. 이런 사람의 화장실은 항상 깨끗해야 한다. 모든 물건은 제자리에 있어야 한다. 이런 자신의 요구를 따르지 않는 가족들을 따라다니며 잔소리한다. 화를 내며 통제하려고 한다. 결국 사소한 것에 집착하느라 가족과의 관계가 나빠진다. 이런 사람은 어리석고 미성숙한 자다.

실수를 용납하지 않는 직업에 종사하는 완벽주의자는 그 진가를 자신의 직업에서 발휘한다. 대표적인 직종은 군인, 항공관제사, 비행사, 외과의사, 회계사, 은행원 등이다. 그러나 완벽주의적인 사람은 사람들과의 관계에서는 긴장과 갈등을 야기할 가능성이 높다. 특히 가족들을 힘들게 하는 존재가 될 수 있다.

 치유와 극복 방안

1) 마음을 넓힌다.

마음이 좁으면 대인관계에서 품을 수 있는 사람이 몇 안 된다. 상대방에 대한 마음의 폭을 넓혀야 여러 사람들과 관계할 수 있다.

바울 사도는 전도를 위해서는 헬라인에게는 헬라인의 방식으로, 유대인에게는 유대인의 방식으로 접근하는 유연성과 여유를 보였다. 예수님은 당시 유대인들이 비난했던 창기와 세리와도 어울리며 식사하셨다.

예수님의 영이 마음에 머무는 성도는 온유한 것이 정상이다. 온유한 사람은 사소한 일에 목숨을 걸지 않는다. 온유한 사람은 대인관계에서 상처를 훨씬 덜 받는다. 그리고 상처를 덜 준다.

자신의 부족과 연약을 수용할 수 있는 사람은 타인의 연약과 부족을 이해하고 수용할 수 있다. 그래야 이웃 사랑을 제대로 할 수 있다. 그것이 자신에게도 유익하다.

2) 휴식과 안식을 실천한다.

강박성 성격장애적인 요소로부터 치유되려면 쉴 수 있어야 한다. 쉬어야 사람이 보인다. 가족이 보인다. 관계가 중요함을 깨닫는다. 친밀감을 즐길 수 있게 된다.

휴식과 안식은 삶에서 선택 사안이 아니다. 필수 요소다. 인간은 아무리 바빠도 잠을 자야 하는 존재다. 한계가 있는 존재다.

하나님과의 관계를 위해서도 쉼의 시간이 필요하다. 바쁜 활동 중에도 주님과 관계할 수 있지만 자칫 피상적일 수 있다. 멈추어서 자신을 살펴보며 말씀을 묵상하는 시간이 필요하다.

"안식일을 기억하여 지키라"는 제5계명은 현대 크리스천들에게 꼭 필요한 계명이다. 주일 하루를 보낼 때 개인적으로 쉼과 재충전의 시간을 갖는 것이 하나님의 뜻이다. 가족들과 함께 시간을 보내는 시간도 영적인 시간이다.

교회 사역으로 너무 바쁘고 지친 크리스천들이 많다. 혹시 당신은 이런 크리스천이 아닌가? 주님 발 앞에서 말씀을 경청했던 마리아의 모습이 여러 가지 일로 바쁜 나머지 화가 나 있던 마르다의 모습보다 낫다고 인정해 주셨던 예수님의 말씀을 기억해야 할 것이다.

3) 완벽주의를 내려놓는다.

완벽주의적 사고는 비합리적이다. '모든 사람이 나를 좋아해야 한다', '나는 대인관계에서 상처를 한 번도 주어선 안 된다', '내가 완벽하지 않으면 사람들에게 공격당할 수 있다'와 같은 생각은 비합리적이다. 생각이 좌로나 우로나 치우친 것이다. 생각이 잘못되면 대인관계를 건강하게 이어 가기 어렵다.

4) 가족에게 너그러워진다.

가족에게는 지나치게 인색하면서 타인에게는 지나칠 정도로 너그러워서 그들을 구제하고 섬기는 이들이 간혹 있다. 연결짓기와 구별 짓기를 균형 있게 할 줄 모르는 어리석은 이들이다. 미성숙한 이들이다. 성경은 자기 친족을 돌보지 않는 자는 믿지 않는 자보다 악하다고 말한다(딤전 5:8).

하나님은 우리에게 모든 사람을 다 사랑하라고 요구하시지 않는다. 우리는 그렇게 할 수 있는 능력이 없다. 가까운 관계로 연결해 주신 가족들을 돌보는 일부터 우선순위에 놓고 돕는 것이 성경적이다. '수신제가 치국평천하'(修身齊家 治國平天下)라는 말도 그런 점에서 성경적이다. 성경은 감독의 자격으로서 "자기 가정을 잘 다스리는 자"를 포함시켰다(딤전 3:4). 다스린다는 말은 돌보며 관심을 갖는다는 말이다. 자신의 가족을 잘 돌보지 않는 자가 교회의 목회자가 되거나 장로가 되어 교인들을 돌보는 데 치중한다면 우선순위가 잘못된 것이다.

걸림돌 6

ㅓㅓㅓㅓ

"아무도 못 믿어!"

편집성 성격장애

편집성(paranoid) 성격장애자의 특징은 대인관계에서 의심이 많고 사소한 말에도 상처를 받고 역공격하며 상대방의 의도를 왜곡하는 것이다. 의처증이나 의부증을 가진 사람도 이 장애로 진단될 수 있다. 배우자를 의심하는 당사자는 말할 필요도 없이 고통스럽다. 의심받는 사람도 편집적인 배우자와 사는 것이 고통스럽다. 쉽게 고쳐지지 않기 때문에 결혼생활이 장기적으로 지옥 생활이 될 수 있다.

발달심리학자인 에릭 에릭슨(Erik Erikson)은 인간의 첫 발달단계의 심리적 과제를 신뢰감 형성으로 보았다. 아기가 엄마의 수유 경험을 통해서 세상에 대한 신뢰감을 형성해야 한다고 본 것이다. 흥미롭게도 신뢰감 형성은 프로이트의 심리발달이론에서 구강기와 연결된다. 아기가 입을 통해서 일관성 있는 수유 경험을 할 수 있을 때 아기는 세상에 대해서 불안이 줄어들고 자기애적인 욕구가 채워질 수 있다는 것이다.

신뢰는 심리발달의 기초와 같다. 신뢰라는 기초 공사가 부실하면 그 위에 세워지는 구조물들이 다 부실해질 위험성이 높다. 기초가 튼튼한 '응집력 있는 자기'를 가진 사람은 삶의 여정에서 신뢰에 손상이 가는 트라우마를 겪은 후에도 시간이 흐르면 신뢰를 복원해서 건강한 삶을 살아갈 수 있다.

친구라고 여겼던 자가 배신하면 충격이 크다. 배우자가 배신하면 충격이 더 크다. 다윗은 그의 오른팔과 같던 아히도벨이 압살롬의 반역에 앞장섰다는 소식을 듣고 큰 충격을 받았을 것이다. 놀라운 점은 그런 트라우마를 겪은 다윗이 이후에 편집적인 삶을 살지 않았다는 점이다. 다윗 왕과 대조적으로 초대 왕 사울은 그의 편집증 때문에 다윗을 죽이려고 여러 번 쫓아다녔다. 다윗을 질투하고 의심하고 심지어 죽이려고 쫓아다닌 이유는 다윗이 자기를 죽이고 왕이 되려고 한다는 피해 의식 때문이었다. 심지어 자신의 아들이자 신실한 신하였던 요나단까지 믿지 못했고 창으로 찔러 죽이려고까지 했다. 사울은 결국 비참한 최후를 맞고 말았다.

편집성 성격장애를 가진 사람들은 신뢰에 손상을 입었던 자들이다. 정신분열증 환자에게서도 신뢰 능력이 매우 손상되어 있는 것을 볼 수 있다. 국정원과 같은 기관의 감시를 받고 있다고 호소하는 '감시 망상' 증상도 신뢰감이 무너진 삶을 잘 드러낸다. 이런 망상을 갖고 사는 사람은 매우 취약한 심리 구조를 갖고 있다.

신뢰감 형성이라는 심리적 과제를 제대로 성취하지 못한 사람은 신앙생활에서도 어려움을 겪을 가능성이 높다. 신앙은 심리적 구조물을 변화시키는 것이 사실이다. 하지만 심리적 구조물 속에서 신앙이 성장한다. 심리적 구조물이 보이지 않는 하나님에 대한 믿음 생활을 할 수 있는 틀을 제공하는 것이다. 따라서 심리적 구조물이 취약하면 신앙생활도 불안정할 수밖에 없다. 하나님이 잘 믿어지지 않는 크리스천들은 자신의 심리적 구조물의 상태를 점검하고 진단해 볼 필요가 있다.

 치유와 극복 방안

1) 용서한다.
편집성 성격장애자는 용서하지 않는다. 보복하려고 한다. 한을 품는다. 이런 사람은 용서하지 않는 자신이 신체적으로나 심리적으로 그리고 영적으로 망가지고 있다는 사실을 깨닫지 못한다. 용서는 편집성을 치료하는 적극적인 방법이다. 피해를 본다고 할지라도 "죽으면 죽으리라"고 내려놓으면 편집성 성격의 증상이 호전될 수 있다.

2) 화난 감정을 쌓아 두지 않는다.

편집성 성격장애를 가진 사람은 자신이 입은 상처를 쌓아 두며 보복하려고 한다. 쉽게 역공격한다. 문제는 쌓아 둔 감정이 임계점에 이르면 순간적으로 폭발하며 파괴적인 힘을 행사할 수 있다는 것이다. 상대방의 실수를 누적해서 쌓아 두었다가 폭발시키는 것은 관계를 해치는 어리석은 방식이다. 그리고 사소한 일에 화를 내는 것은 대인관계에서 상대방을 긴장하게 만든다. 불안하게 만든다. 결국 관계를 해친다.

3) 문제가 자신의 내면에 있음을 인식한다.

당신의 생각이 옳다고만 생각하지 말라. 당신의 생각에 대해서 건강한 의미에서 의심해 보라. 타인에 대한 의심을 거두고 당신의 생각이 과연 정상적인지 또는 현실적인지에 대해서 질문을 던지며 논박해 보라.

하루아침에 인식의 변화가 오는 것은 매우 어렵다. 그러나 과도한 생각, 과민한 생각, 왜곡된 생각을 서서히 내려놓아야 한다. 그래야 당신도 살고 상대방도 살 수 있다.

4) 배우자를 믿는다.

혹시 당신이 의심이 많은 편이라면 당신의 뇌를 신뢰해서는 곤란하다. 당신이 기혼자라면 배우자를 통제하기 위하여 안테나를 높이 세우면 세울수록 사소한 정보까지 확대 해석하는 우를 범하게 될 것이다. 결국 결혼관계를 유지하려고 과잉통제 하는 행동이 결혼관계를 파괴할 위험성이 높다는 사실을 깨달아야 한다.

하나님께 배우자에 대한 염려와 불안을 맡기라. 그것이 당신의 정신 건강을 유지하는 길이자 결혼관계를 건강하게 유지하는 방법이다.

Chapter 2

불안이 심하면 관계가 힘들다

"누구나 불안은 있다.
맷집을 키워라"

　G목사는 중대형 교회에서 부목사로 섬기다가 개척한 지 5년 차 된 목사였다. 어느 주일부터인가 새로운 방문자가 예배 시간에 참석하면 긴장하는 자신을 발견하게 되었다. 처음에는 대수롭지 않게 생각했다. 그러나 새로운 방문자가 있는 날이면 거의 항상 설교 시간에 진땀이 나고 횡설수설했다. 개척교회에 새로운 방문자가 온다는 것은 참으로 감사한 일이 아닐 수 없다. 그런데 G목사에게는 새로운 방문자가 오는 것이 오히려 두려웠다. 그가 자신의 설교를 듣고 은혜를 받아 정착하도록 하고 싶은 마음이 그를 오히려 더 긴장하게 만든 것이다.

　나는 G에게 긴장이 되면 숨기지 말고 성도들에게 "오늘 새로운 분이 오셔서 설교를 잘하려고 하니까 더 긴장이 되고 설교가 잘 안 되네요."라고 말해 보라고 했다. 몇 주 후에 새로운 방문자가 왔을 때 그대로 말했더니 성도들도 웃어 주고 자신도 긴장이 풀려서 설교가 자연스럽게 되었다고 기뻐했다. 혼자 끙끙대기만 했다면 그는 한동안 성도들과의 관계에서 스트레스를 받았을 것이다.

H는 친구가 자살한 광경을 처음 목격한 후부터 불안과 두려움 때문에 견딜 수가 없어 교회에 나온 남성 내담자였다. 나는 자신의 힘을 믿고 중년기까지 잘 살던 그가 친구의 자살로 트라우마가 생겨 고통을 겪다가 전도를 받아 하나님을 찾게 된 것이라고 해석해 주었다. 그는 자신도 예수님을 믿게 된 후에 그렇게 느꼈다고 대답했다.

세상적인 관점에서 볼 때 그가 겪은 외상후 스트레스장애는 재수가 없어서 생긴 것이라고 말할 수도 있다. H에게 외상후 스트레스장애는 세상적인 관점에서는 걸림돌이었다. 그러나 신앙적으로는 구원의 길로 돌아오는 디딤돌이었다. 나는 친구였던 그 자살자가 자신의 죽음을 통해 H에게 구원의 기회를 열어 준 셈이 되었다고 재해석해 주었다. H는 청년 시절까지는 교회에 다녔으나 이후 20여 년간 신앙생활과 담을 쌓고 살아왔다. 놀랍게도 전혀 예상치 못한 이 트라우마 사건이 그로 하여금 하나님의 품으로 돌아오는 발판이 된 것이다.

오래전 내담자로 만난 I는 어느 교회에서 사무원으로 일하는 자매였다. 교회 비품을 구입하는 과정에서 돈을 일부 횡령했다는 오해를 받았다. 얼마 되지 않아 오해는 풀렸지만 그녀는 전에 없던 증상으로 고통을 겪기 시작했다. 예배 시간에 옆에 앉은 다른 여성의 손가방에 눈이 가면 자기도 모르게 손을 뻗어 그 손가방에서 무언가를 훔칠 것 같은 강박적인 생각이 들기 시작한 것이다. 그래서 혹시라도 자기도 모르게 손이 무슨 짓을 할까 봐 오른손을 왼손으로 꽉 잡게 된다고 했다. 그리고 혹시라도 다른 여성의 가방을 보게 될까 봐 성도들과 눈을 마주치지 않으려 한다고 했다. 전혀 예측하지 않게 교회 성도들로부터 오해를 받은 트라우마를 겪은 뒤로 그녀에게 강박장애가 생긴 것이다. 부끄러워서 누구한테도 이런 얘기를 할 수 없다면서 내게 털어놓으니 속이 좀 후련해진다고 했다. 오해받았던 I의 마음을 내가 공감해 주자 그녀의 강박증은 호전되었다.

에덴동산을 떠난 모든 인간은 죄로 타락한 세상에서 평생 불안과 씨름하면서 살아간다. 배 속에 있는 태아도 불안을 감지하는 능력이 있다. 출산 과정에서 산모와 아기가 느끼는 불안은 매우 크다. 20세기 초에 활동했던 정신분석학자 오토 랭크(Otto Rank)는 인간의 원초적 불안이 엄마의 자궁에서 출산되는 과정에서 아기가 겪는 트라우마와 연결될 수 있다고 주장했다. 그의 주장에 타당성이 있다면, 모든 사람은 무의식화된 트라우마로 인한 원초적 불안을 경험했다고 볼 수 있다. 이 트라우마 경험은 아담과 하와가 완벽한 환경이던 에덴동산에서 축출되는 과정에서 겪었을 트라우마 경험과 닮았다.

그런 점에서 첫 인간이 하나님으로부터 쫓겨났을 때 겪은 트라우마는 분석심리학자 칼 융(Carl Jung)이 주장한 개념을 사용하자면 모든 인간의 '집단무의식'(collective unconscious)에 내재화되어 있다고 볼 수 있다. 아무튼 인류 역사에 죄가 개입된 이후로 시작된 불안은 하나님 나라가 완전히 이루어지는 종말이 올 때까지는 모든 인간이 보편적으로 겪는 감정이다.

모든 인간은 갖가지 이유로 불안 또는 두려움을 느낀다. 막연한 불안의 수준에서부터 공포증이나 공황장애에 버금가는 수준의 두려움을 경험한다. 출생부터 죽음에 이르기까지 불안 또는 두려움은 피할수 없는 동반자와 같다.

뇌가 더 이상 기능하지 않는 죽음에 이르면 인간은 불안과 두려움으로부터 자유롭게 된다. 불안과 두려움의 핵심이 죽음에 있지만 역설적으로 죽음은 인간을 불안으로부터 자유하게 한다.

불안에는 유익한 불안이 있는 반면 고통을 주며 파괴적인 불안이 있다. 유익한 불안은 위험에 대처할 수 있도록 온몸의 기능을 준비시켜 준다. 반면에 역기능적인 불안은 신체적으로 정신적으로 고통을 야기하며 에너지를 불필요하게 소모시킨다.

두려움의 대상이 분명한 경우에는 통제하기가 그나마 쉽다. 그러나 불안의 특징은 왜 불안한지 모른다는 것이다. 특별한 이유 없이 불안하게 느껴지는 것이다.

정신분석학의 대부인 프로이트는 많은 정신적인 문제가 불안과 연결되어 있다고 보았다. 그래서 그는 불안을 처리하기 위해서 여러 방어기제들이 운용된다고 한 것이다. 방어기제란 불안에 대한 대처 기제로 대부분 무의식적으로 일어난다. 성장기에 있는 아이들이 감당할수 없는 수준의 불안을 처리하는데 도움을 주는 생득(生得)적으로 장착된 기제라고 이해될 수 있다. 예를 들면 부인, 투사, 합리화, 퇴행, 승화가 있다. 그런데 이 방어기제들을 계속 사용하면 결국 신체적인 증상이나 정신적인 장애가 생길 수 있다고 주장했다. 이와 같은 그의 핵심 이론은 여전히 유효하게 사용되고 있다.

죄의 결과로 모든 인간은 죽어야 하는 심판을 받는다. 더 나아가 하나님의 은혜와 긍휼이 없이는 영원한 사망과 심판을 겪어야 하는 두 번째 사망을 겪어야 한다.

죄와 사망이 인간의 불안과 두려움의 핵심 문제다. 이것이 해결되지 않는 한 불안과 두려움에 대한 나름의 치료책과 해결책은 미봉책에 지나지 않는다는 것이 성경의 가르침이다.

성경은 불안과 두려움의 근본적인 해결책은 예수 그리스도의 십자가에 있다고 말한다. 광야에서 불뱀에 물려 죽어 가던 백성들에게 하나님이 제시한 치료 방법은 구리로 만든 뱀의 형상을 장대에 달아서 그것을 바라보라는 것이었다. 상식적으로는 어리석은 방법이었다. 그러나 하나님의 치료책에 순종해서 바라본 자들마다 나음을 입었다. 불순종하고 듣지 않은 자들은 모두 죽었다.

예수님은 자신의 십자가 죽음을 이 역사적 사건과 연결했다: "모세가 광야에서 뱀을 든 것같이 인자도 들려야 하리니 이는 그를 믿는 자마다 영생을 얻게 하려 하심이니라"(요 3:14-15). 이 말씀은 "하나님이 세상을 이처럼 사랑하사 독생자를 주셨으니 이는 그를 믿는 자마다 멸망하지 않고 영생을 얻게 하려 하심이라"(요 3:16)는 말씀 바로 앞에 하신 말씀이다.

멸망과 영생 사이에 끼여 있는 존재가 인간이다. 다른 동물과 달리 인간은 영원한 사망 또는 영원한 생명이 부여된 존재다. 여기에 인간의 불안과 두려움의 핵심이 있다. 무의식화되어 있지만 영원한 사망과 심판에 대한 두려움이 심리적으로 경험하는 불안장애의 핵심인 것이다. 그러므로 죽어도 부활이 있으며 영원한 생명이 부여된다는 성경의 진리를 믿는 자는 불안과 두려움을 이겨 낼 수 있는 큰 자원을 갖고 있는 셈이다.

죄로 타락한 이후 인간관계에도 불안이 작용한다. 가까워지는 관계에 대한 불안이 있다. 멀어지는 관계에 대한 불안이 있다. 우리는 이런 관계적인 불안과 두려움을 처리할 때 여러 방어기제를 사용한다.

방어기제는 불안을 처리하는 데 일시적인 도움을 준다. 그러나 방어기제를 의존적으로 사용할 경우, 또는 특정한 방어기제를 자주 사용할 경우 대인관계에 문제가 생긴다. 대인관계에서 거의 항상 갑옷을 입는 사람과는 관계 형성에 어려움을 겪게 마련이기 때문이다.

나는 미국 유학 시절 신학생 J를 만난 적이 있다. 그의 아내는 깊은 우울에 빠져 있었다. J를 학교에서 마주쳤을 때 나는 가정의 안부를 물었다. 혹시라도 도움을 줄 수 있을까 해서였다. 그러나 그는 하나님의 은혜로 온 가족이 잘 지내고 있다고 대답했다. 그렇지 않은 상황이라는 걸 들

어서 알고 있는 나로선 더 이상 말을 이어 갈 수 없었다. 자신의 가정에 관여하지 말아 달라는 말로 들렸기 때문이다. 그는 신앙적으로 표현했지만 사실은 진실하게 표현하지 않았다. 이와 같이 종종 신앙적인 표현을 방어기제로 사용하는 이들이 있다. 이런 사람은 대인관계에서 담을 쌓는다.

불안에 대처하는 사람들의 자세

프로이트를 비롯한 정신분석학자들은 인간을 근본적으로 갈등하는 존재로 본다. 프로이트는 인간은 심리 내면적으로 도덕의 원리로 자기를 관찰하고 평가하는 초자아(superego)와 본능적 에너지인 원본능(id) 사이에서 갈등을 겪는다고 이해했다. 이 갈등을 처리하는 자아의 능력 수준에 따라 불안을 대처하는 데 어려움이 생길 수 있다고 보았다. 자아가 약할수록 방어기제를 쓸 가능성이 높다고 보았다.

후기 프로이트 학파의 학자들은 본연의 갈등보다는 환경과의 관계, 부모와의 관계에서 갈등을 겪으며 그 갈등 처리 과정에서 신경증적인 불안과 씨름하게 된다고 보았다. 성인이 갖고 있는 여러 형태의 불안과 두려움의 장애들은 이미 어린 시절에 겪은 일차적인 불안 경험이 내면화되어 나온 것이라고 보았다.

후기 프로이트 학파에 속하는 카렌 호나이(Karen Horney)는 인간은 유아기부터 경험하는 기본적 불안(basic anxiety)에 대해서 크게 세 가지 유형의 신경증적 대처 방안을 사용한다고 주장했다.

그 첫째가 순응형이다. 대인관계에서 불안한 상황이 생길 때 거의 항상 상대방에게 맞춰 줌으로써 갈등과 불안을 해소하려는 유형이다.

K는 여전도사로서 평소 매운 것을 못 먹는다고 동료 교역자들에게 말했음에도 불구하고 어느 부목사가 식사 대접한답시고 매운 짬뽕 식당에 가자고 하는 초대에 거절하지 못하고 따라갔다. 그러곤 싫은 내색도 못하고 억지로 먹은 뒤 집에 돌아와 밤새도록 속이 불편해서 힘들어 했다고 했다. 나는 매운 걸 못 먹으니 가기 싫다고 거절하지 못한 이유를 물었다. 그녀는 자신은 이때까지 사역하면서 다른 사람들의 요청을 거절해 본 적이 거의 없다고 대답했다. 싫으면 싫다고 대답해 보면 어떻겠냐고 했더니 다음에는 그렇게 해 보겠노라고 대답했다. K가 거절하지 못한 것은 다른 사람들로부터 거절당할까 봐 두려웠기 때문이다. 그녀는 대인관계에서 오는 불안을 상대방의 요구에 순응하는 방식으로 대처해 온 사역자였다.

순응형의 사람들은 대인관계에서 불의한 일을 당해도 소극적으로 대처한다. 자기 의사와 감정을 용기 있게 표현하지 못한다. 이들은 부모를 비롯한 권위자들에 대하여 긴장하며 두려워한다. 이문열의 소설 《우리들의 일그러진 영웅》에 등장하는 사이코패스적인 주인공 엄석대와 같은 사람 앞에서 순응하는 것이다. 속마음과 달리 그런 사람이 시키면 순응한다. 심지어 그의 아바타 역할을 맡기까지 한다.

순응형 중에서도 사고가 단순하고 의존 욕구가 큰 사람들은 경솔하며 경박하다. 자신을 거느려 줄 수 있는 사람에게 병리적으로 충성한다. 병리적인 지도자 아비멜렉에게도 따르는 자들이 있었다는 사실은 주목할 만하다: "아비멜렉이 그것으로 방탕하고 경박한 사람들을 사서 자기를 따르게 하고"(삿 9:4). 세겜 지역 사람들은 처음에 그를 따랐다. 그러나 그의 실체를 알고 나서 반역했다. 그러자 아비멜렉은 그 지역을 파괴했다. 세겜 망대로 피신한 약 천 명의 사람들이 그가 방화한 불에 타 죽었다(삿 9:49 참조).

충성은 일반적으로 상하관계에서 미덕이다. 그러나 병리적인 지도자에게 충성하는 것은 악덕이다. 문제는 순응형의 사람은 악덕인 줄 알면서도 충성한다는 점이다. 성격장애와 연결한다면 의존성, 회피성, 그리고 강박성 성격장애자들이 이 유형에 속한다

호나이가 규명한 두 번째 유형은 공격형이다. 불안에 대처하기 위해 남을 탓하고 공격하거나 인정과 주목을 요구하는 유형이다. 이 유형의 사람은 자신에게 문제가 있다고 생각하지 않는다. 착취하고 조종하며 위협하고 상대방을 비난함으로써 자신의 불안을 투사한다. 대인관계에서 공격적일 때 그의 불안은 사라진다. 성격장애와 연결한다면 자기애성, 연극성, 경계선, 반사회성 성격장애가 이 집단에 속한다.

특히 반사회성의 사람은 대인관계에서 자신의 목표를 성취하기 위해 반칙하거나 범죄하는 것을 주저하지 않는다. 규칙을 무시하고 불법을 행한다. 가격을 속이고 폭리를 취해도 양심의 가책을 느끼지 못

한다.

호나이가 규명한 세 번째 유형은 불안의 대상이나 환경으로부터 안전을 확보하기 위해 거리 두기를 하는 사람들이다. 대인관계에서 이런 사람들은 자신의 속내를 잘 드러내지 않는다. 항상 일정한 심리적 거리를 유지한다. 친숙해지기를 원하지 않으며 다가가지도 않는다. 편집성, 분열성, 분열형 성격장애가 이 유형에 속한다.

대부분의 목회자들이 성도들과 맺는 관계에서 이런 특성이 드러난다. 목회자 가정에서 성장한 배경을 갖고 있는 나는 이 유형에 가깝다. 성도들과 관계하지만 피상적이 될 때가 많다. 성도들과 일정한 거리를 두고 안전을 경험하려고 한다.

호나이는 불안에 대처하는 신경증을 가진 사람들의 모순성을 잘 설명한 바 있다. 불안을 회피하기 위해 순응적인 관계를 유지하는 사람들에게는 그 속에 공격성이 있을 수 있다는 것이다. 또한 저돌적인 관계를 맺는 사람들 속에는 순응적인 모습이 숨어 있을 수 있다. 홀로 있고 싶은 욕구와 함께하고 싶은 욕구가 모순적으로 존재할 수 있다는 것이다.

교인들에게는 따뜻하면서도 가족에게는 냉정한 목회자의 경우가 모순적인 한 예다. 마리 포춘(Marie Fortune)이 쓴 책《Is Nothing Sacred?》에 등장하는 성폭력 목회자도 모순적인 사람이다. 그는 목회자로서 민감하고 설교와 상담을 잘했다. 하지만 그는 자신이 목회하는 교회에서 여러 명의 여성 교인들을 개별적으로 속여 성관계를 맺었다. 사건이 드러났을 때 그는 미안해하거나 죄책감을 느끼거나 책임감을 느끼고 교회를 사임하는 행동을 하지 않았다. 오히려 상대 여성들에게 책임을 전가했다. 그는 유아적이며 자기중심적이고 비공감적이며 사이코패스적인 사람이었던 것이다.

호나이가 통찰력 있게 간파했듯이 불안을 처리하는 방식에서 인간은 모순적이다. 가까이 가고 싶으면서도 거리를 두고 싶은 마음이 공존한다. 가까워지면 함몰될 것 같고 상대방이 버겁게 여겨진다. 멀어진다 싶으면 보고 싶고 가까이 가고 싶다. 모순적인 마음으로 이러지도 저러지도 못하면 관계는 혼란스러워지고 오해를 가져온다. 모순이 크면 클수록 통합된 정체성과 건강한 대인관계가 어렵다.

에스더서에 등장하는 아하수에로 왕은 신하들과 백성들에게는 매우 너그러운 태도를 취했다. 그러나 자신의 아내인 와스디 왕후에 대해서는 매우 인색했다. 왕후가 그의 명령을 따르지 않자 격노해서 폐위시켜 버렸다. 그는 순응적이면서도 공격적인 모순성을 잘 보여 주는 인물이다.

야고보 사도는 이런 사람을 두 마음을 품은 사람이라고 규명했다. 두 마음을 품는다는 것은 욕심이 있다는 것이다. 야고보는 욕심이 잉태한즉 죄를 낳고 죄가 장성한즉 사망을 낳는다고 잘 지적했다.

퇴행과 고착은 관계에서 불안을 직면하지 못할 때 사용하는 대처 방안이다. 퇴행과 고착은 발달단계에서 불안이 클 때 이전 발달단계로 되돌아가거나 현재 상태에서 더 이상 성장하지 못한 채 머무는 방식이다. 이것은 살아남으려는 방식의 한 종류다. 일종의 방어기제다.

불안이 심해져서 장애의 수준까지 증상이 나타나면 대인관계가 어렵다. 가까운 가족 외에는 사람들과 접촉하기를 피하게 된다. 심하면 우울증이나 알코올중독과 같은 다른 정신적인 질환까지 가져올 위험이 높다.

불안의 정도가 심한 경우 불안장애로 진단된다. 불안장애는 4개의 진단명을 아우르는 큰 우산에 해당하는 진단명이다. 이전에는 외상후 스트레스장애가 여기에 포함되어 있었지만 최신판인 DSM-V(정신 장애 진단 및 통계 편람. 정신과에서 사용하는 진단 매뉴얼로서 현재 5판이 사용되고 있다. Diagnostic and Statistical Manual of Mental Disorders-V의 약어)는 외상후 스트레스장애를 독립된 장애로 다루고 있다. 하지만 나는 이 책에서 불안장애의 우산 아래 외상후 스트레스장애를 포함시킬 것이다. 각각의 불안장애는 대인관계에 큰 걸림돌이 될 수 있다.

"누구를 만나는 게 스트레스예요"

공포증(phobia)

희랍 신화에 나오는 인물 이름인 포보스(Phobos)에서 파생된 단어가 포비아(phobia)다. 특정한 대상에 대해서 강도 높은 두려움을 느끼는 것을 공포증이라고 한다. 사람에 따라 공포의 대상이 다르다. 고공 공포증, 물 공포증, 거미 공포증, 뱀 공포증, 광장 공포증(agoraphobia), 엘리베이터 공포증, 폐소 공포증 등이 있다. 폐소 공포증이 있는 사람은 버스나 비행기를 타지 못할 수 있다.

공포증은 삶에 큰 어려움만 야기하지 않는다면 일상생활을 할 수 있다는 점에서 대인관계에 큰 어려움을 야기하지는 않는다. 문제는 비행기를 타지 못하는 경우 가족들과 여행하는 데 불편이 있다는 점이다. 선교사로 외국에 가고 싶은데 배우자가 고공 공포증과 폐소 공포증이 있어서 비행기를 타지 못한다면 결국 공포증이 관계에서 걸림돌이 될 수 있다.

공포증 중에서도 대인 공포증은 인간관계에서 큰 걸림돌이다. 대인 공포증이 있으면 사람들 앞에서 말을 잘 하지 못한다. 말하려고 하면 심장이 뛰고 얼굴이 붉어지고 목소리가 떨려서 입을 다물어 버리는 것이다. 심지어 자신이 무슨 말을 하는지도 모를 만큼 당황한다. 말을 잘 못하는 것에 대해 수치심을 크게 느끼면 그다음부터 공개적인 자리에서 발표하거나 기도할 기회를 애써 피한다. 수줍음, 수치심, 부끄러움, 자신감 부족, 사회적 기술 부족, 내향적임, 목소리가 떨리거나 기어 들어감, 얼굴이 붉어짐, 눈을 제대로 바라보지 못함과 같은 증상이 대인 공포증의 일반적인 증상이다.

타인과의 관계에서 불안, 긴장, 염려, 두려움이 크면 관계가 스트레스가 된다. 관계를 통해 힘을 실어 주고 힘을 얻는 대신 에너지가 빠져나간다. 사회적 관계에서 걸림돌에 넘어지는 것이다.

 치유와 극복 방안

1) 서서히 공포의 대상에 당신을 노출시킨다.
혹시 당신에게 공포증 증상이 있다면 뇌의 민감성을 점차로 감소시키는 '체계적 둔감법'(systematic desensitization)이 효과적인 치료 방법이 될 수 있다. 엘리베이터 공포증이 있다면 믿을 수 있는 사람과 함께 2층까지, 그리고 다음에는 3층까지 올라가면서 그때 느끼는 공포를 다독이고 견디는 방법이다. 감당할 수 있는 범위의 공포에 대해서 견디면 뇌는 새로운 학습을 하며 공포 대상에 대해서 서서히 둔감하게 된다. 체계적으로, 그리고 서서히 스트레스의 수준을 올리면 고층으로 올라가도 공포감은 증가하지 않는다. 오히려 자신감이 생기며 공포감이 줄어들 것이다. 사람마다 다르지만 공포증을 극복하면 대인관계에서 불필요하게 의존적인 삶에서 벗어날 수 있다.

2) 말할 때 좀 실수해도 괜찮다고 스스로 다독인다.

사회(대인) 공포증으로 힘들어 하는 사람들은 발표 불안이나 연주 불안과 같은 증상을 호소할 때가 많다. 이런 사람은 말할 때 완벽하게 할 필요가 없다는 사실을 인식하는 것이 필요하다. 말이란 전달하는 것이 목적이다. 언어는 수단일 뿐이다. 너무 완벽하게 언어를 구사하려고 하거나 조금이라도 말을 더듬는 것을 수치스러워하면 큰 숲은 간과하고 나무 몇 그루에 너무 집착하는 것이다.

말을 아주 잘하고 발표를 완벽하게 하는 사람도 있다. 감사한 일이다. 하지만 그들도 사실은 속으로 떨고 있을 때가 많다. 발표 불안을 극복하는 방법 중 하나는 긴장하거나 땀이 나거나 말을 더듬을 때 오히려 사람들에게 그 사실을 말로 해 버리는 것이다. "오늘 제가 긴장을 많이 하고 있나 봐요. 말도 잘 안 되고 버벅거리는 것을 보니까 말이에요." 이렇게 말해 보라. 놀랍게도 불안이 훨씬 줄어들고 말도 훨씬 수월하게 될 것이다.

"손을 깨끗이 안 씻으면 불안해요"

강박장애

강박장애(obsessive-compulsive disorder)는 강박증으로 불리기도 한다. 강박성 성격장애와는 구별된다. 강박성 성격장애는 삶의 전반에 불안이 깔려 있다면, 강박장애는 특정한 영역이나 특정한 행동에 불안해하는 것이 특징이다. 어떤 생각이 들면 강박적 행동을 의식적으로(ritualistically) 하지 않으면 그 생각이 사라지지 않아 고통을 겪게 되는 것이 강박장애다.

강박증을 갖게 되면 본인이 고통스럽고 가족도 고통을 겪는다. 예를 들면, 샤워할 때 심하면 몇 시간씩 욕실에서 나오지 않고 계속 샤워하는 사람이 있다. 손을 씻을 때 물을 틀어 놓고 손이 물러질 정도로 씻는 사람도 있다. 주방용 가스 불을 잠그지 않았다는 생각이 들면 외출했다가도 집에 가서 확인하기 전까지는 계속 불안으로 고통스러워하는 이들도 있다. 문제는 그들의 가족도 고통을 겪는다는 사실이다. 어리석은 줄 알면서도 강박적인 행동을 함으로써 불안을 감소시키는 이들을 지켜보는 가족도 똑같이 고통을 겪기 때문이다.

 치유와 극복 방안

강박적인 행동으로 불안을 낮추는 방법 외에 역설적인 다른 방법을 시도한다.

강박적인 사고와 강박적인 행동이 어리석다는 것을 대부분의 강박증 환자들은 인식하고 있다. 자신의 생각과 행동이 비현실적일 가능성이 높다는 것도 안다. 그러나 조금이라도 불안을 야기하는 강박적인 생각이 들면 강박적이며 의식적인 행동을 하지 않고서는 그 생각으로부터 벗어나지 못한다.

강박증도 체계적 둔감법이 치료적인 효과가 있다. 약물 처방도 도움을 줄 수 있다. 아울러 예수님이 십자가에서 애써 이루신 자유를 빼앗기지 않겠다는 결심과 믿음이 필요하다. 강박으로부터 자유하면 주변 사람을 자유하게 한다. 특히 가족이 혜택을 본다. 불필요하게 통제하는 데 빼앗겼던 시간과 에너지를 가족들을 위해 쓸 수 있다.

성경은 불안과 두려움의

근본적인 해결책은

예수 그리스도의 십자가에

있다고 말한다.

걸림돌 3

≫≫≫

"공황 증상이 또 찾아올까 봐 두려워요"

공황장애

공황장애(panic disorder)의 대표적인 증상으로는 심장마비로 죽을 것 같다거나 심계항진 증상과 숨쉬기 곤란하며 어지러운 증상 등이 있다. 공황장애는 어느 날 갑자기 증상이 찾아오는 것이 특징이다. 초기에는 심장마비에 걸린 줄로 오해하고 응급실에 실려 가는 경우가 많다.

공황장애는 광장공포증과 연결된다. 많은 사람들이 모이는 곳에서 공황 증상이 나타날까 봐 불안해서 그런 장소를 회피하는 것이다. 예를 들면, 백화점, 전철, 또는 예배당과 같은 곳이다.

교인들 중에도 공황장애가 있는 사람은 예배 참석을 기피하거나 출

입구 근처에 앉아서 예배를 드리는 경우가 많다. 갑자기 공황장애 증상이 나타나면 재빨리 사람들의 시선에서 벗어날 수 있는 곳을 선호하는 것이다.

　다른 불안장애들도 그렇지만 특히 공황장애는 불안에 대한 불안을 갖는 것이 특징이다. '혹시 공황장애가 또 오면 어떡하지?'라는 예기불안을 갖는 것이다. 그래서 사회 활동의 반경을 줄이는 것으로 이 장애에 대처하려고 할 때가 많다. 일종의 회피 반응이다. 직장에 사표를 내는 극단적인 경우도 있다.

 치유와 극복 방안

1) 공황장애를 친구로 대한다.

　공황장애를 극복하는 좋은 방법은 일단 심장마비로 죽는 경우는 거의 없다는 것을 아는 것이다. 죽을 것 같은 증상이 오면 스스로 다독이며 심호흡을 하면서 가쁜 숨을 쉬려고 더 빨리 호흡해서 과호흡이 되지 않도록 하는 것이 중요하다. 비닐봉지로 입을 막아 내쉰 숨을 다시 들이쉬는 것도 매우 도움이 된다. 내쉰 숨에 있는 이산화탄소가 오히려 과잉 공급된 산소와 균형을 이루는 데 도움이 되기 때문이다.

　"죽으면 죽으리라"는 마음으로 공황 증상을 대하는 것이 매우 중요하다. 스스로 "괜찮아"라고 다독이면서 기다리면 증상은 서서히 호전

된다.

공황장애도 일종의 상징으로 해석될 수 있다. 삶의 어떤 부분에 대해 필요 이상으로 스트레스를 받고 있는 경우가 많기 때문이다. 그런 점에서 본다면 공황장애라는 상징은 일종의 의사소통의 방법으로 볼 수 있다. 공황장애로 인해 삶을 재구조화하고 정비할 수 있는 기회로 삼을 수 있다.

2) 주변에 자신이 공황장애 증상을 갖고 있음을 알린다.

공황장애가 생기면 '만약 사람들이 많이 모인 자리에서 공황장애가 생기면 어떡하지? 사람들이 나를 이상하게 보면 어떡하지?'라고 생각해서 사람들이 모인 자리를 회피하는 것이 일반적이다. 공황장애가 광장공포증과 연결되는 이유가 여기에 있다. 심하면 집 밖에 나가려 하지 않을 수 있다. 안전에 대한 욕구가 사회생활을 차단하는 것이다.

당신에게 혹시 공황장애 증상이 종종 나타나는가? 그렇다면 가까운 사람들에게 자신이 공황장애 증상이 있다는 것을 알리는 것이 유익하다. 알리면 관계에서 자유해진다. 그리고 증상을 대수롭지 않게 대하면 공황장애 증상은 서서히 횟수와 강도가 줄어든다. 너무 민감하면 더 힘들어진다.

"걱정과 염려로 통제하고 싶어요"

범불안장애

    범불안장애(generalized anxiety disorder, GAD)를 가진 사람은 흔히 말하는 걱정, 근심, 염려가 삶의 모든 영역에서 상당히 퍼져 있어서 '만약 …한다면'이라는 걱정을 끊임없이 달고 사는 것이 특징이다. 이런 사람은 하나님을 믿는다면서도 실제로는 하나님께 삶을 맡기지 못한다. 자신이 모든 것을 통제함으로써 불안의 수준을 낮추려고 한다. 범불안장애를 가진 사람은 자신의 삶은 물론 가족에 대해서도 통제하려 하고 걱정과 염려 때문에 잔소리를 한다.

    부모가 자녀에 대해 염려하고 걱정하는 것은 정상적이다. 그러나 지나치게 염려하고 걱정함으로써 불필요하게 간섭하고 자주 연락하는 것은 성장한 자녀와 건강하지 못한 관계를 맺고 있음을 드러내는 행동이다.

특히 크리스천 부모는 이 불안과 염려를 신앙으로 승화시켜야 한다. 자녀를 지키시는 하나님이 살아 계심을 믿고 염려와 걱정을 내려놓아야 한다.

범불안장애를 가진 부모는 신앙적으로 성장하기 어렵다. 이런 부모와 관계하는 자녀 또한 원치 않게 부모의 불안을 내면화해서 불안한 사람이 된다. 자녀가 결혼 후에도 심리적으로 원가족과 부모를 떠나지 못한 채 걱정하고 염려하는 것은 효도가 아니다.

씨 뿌리는 비유에서 가시떨기에 떨어진 씨는 "세상의 염려와 재물의 유혹에 말씀이 막혀 결실하지" 못했다(마 13:22). 세상적인 근심, 걱정, 염려가 지나치면 하나님의 말씀이 '질식'하여 생명력을 발휘할 수 없다. 이들은 무엇을 먹을까, 무엇을 마실까, 무엇을 입을까 염려하지 말라는 주님의 말씀에 순종하지 못한다. 이방인들이 구하는 것만 추구하다가 하나님 나라의 의를 추구하지 못한다. 자기중심적이 된다. 자기 목숨을 위해 재물을 땅에 쌓아 두는 사람이 되고 만다. 두 주인을 섬기려는 사람이 되고 만다.

 치유와 극복 방안

1) 염려하고 걱정했던 일의 대부분은 발생하지 않았다는 사실을 기억한다.

염려하고 근심했던 일이 현실에서 벌어지는 경우는 1퍼센트도 안 된다. 인생을 염려함으로 통제하려는 것은 이해되지만 어리석은 일이다. 지나치게 염려하고 걱정하는 것은 삶의 에너지를 방전시키는 어리석은 행동이다.

2) 하나님에 대한 믿음을 견지하면서 불안에 대해 논박한다.

"하물며 너희일까 보냐 믿음이 작은 자들아"(마 6:30)라고 논박하면서 "그러므로 내일 일을 위하여 염려하지 말라 내일 일은 내일이 염려할 것이요 한 날의 괴로움은 그날로 족하니라"(마 6:34)고 하신 예수님의 말씀에 순종하는 것이 사는 길이다. 모든 일이 하나님으로부터 말미암고, 하나님을 통하여, 그리고 하나님께로 돌아간다는 것이 기독교적인 신앙관이다. 살아도 감사, 죽어도 감사할 줄 아는 사람이 크리스천이다.

"우울해서 관계가 어려워요"

외상후 스트레스장애

외상후 스트레스장애(post-traumatic stress disorder, PTSD)는 DSM-V에서는 더 이상 불안장애의 범주에 포함되지 않고 독립된 장애로 분류되었다. 그럼에도 불구하고 PTSD는 불안 장애로서 이해할 가치가 있다. PTSD는 트라우마 경험 후에 생기는 스트레스 장애로 악몽, 플래시백(일종의 환각 증상), 과도한 죄책감, 심계항진, 식은땀 등이 대표적인 증상이다. 수반되는 장애는 알코올중독과 우울증이다. 그리고 이 수반되는 장애로 인해서 대인관계가 더 어렵게 된다.

성장기의 트라우마는 현재의 관계 경험에 역동적으로 영향을 끼친다는 것이 심리학자들의 연구 결과다. 과거 경험과 현재 경험을 서로

완전히 구별하기란 쉽지 않다. 머리로는 가능해도 가슴으로 몸으로는 매우 어렵다. 어린 시절에 겪은 감당하기 힘든 충격적이며 압도적인 불안 경험은 그 아이의 정신세계 깊은 곳에 핵심 감정으로 뿌리를 깊이 내리기 때문이다. 뿌리를 잘라 낸다고 해도 여전히 더 깊은 곳에 뿌리가 묻혀 있다.

부모의 사업 실패로 하루아침에 부유한 환경에서 찢어지게 가난한 환경으로 전락한 경험을 하면 아이들은 심리적으로 알게 모르게 트라우마를 겪게 된다. 그리고 이 트라우마는 아이들의 장래 삶에 긍정적 또는 부정적인 영향을 상당히 미칠 수 있다. 실패한 부모에게 집을 사주는 것이 인생 최대의 가치가 되는 것은 트라우마의 영향일 수 있다.

많은 경우 트라우마는 대인관계에 걸림돌로 오래 남는다. 그러나 심리치료와 시간의 흐름을 통한 자연치유를 통해 과거의 트라우마로부터 자유해질 수 있다.

 성장과 대처 방안

1) 예수님과 바울도 트라우마를 경험했다는 점을 기억한다.

예수님은 십자가의 고통을 직접 몸으로 겪으셨다. 그의 손에 박힌 못 자국을 부활을 의심하는 제자 도마에게 보여 주셨다. 옆구리의 창 자국(marks)도 만져 보라고 하셨다(요 20:27 참조).

바울 사도는 갈라디아 교인들에게 "이후로는 누구든지 나를 괴롭게 하지 말라 내가 내 몸에 예수의 흔적을 지니고 있노라"(갈 6:17)고 말했다. 여기서 그가 사용한 헬라어 단어 'traumata'는 '흔적'(marks)이다. 현재 사용되는 트라우마(trauma)라는 영어 단어의 어원은 이 헬라어 단어다. 바울의 삶에는 예수님이 당한 것과 같은 트라우마가 많았다. 그는 여러 번 투옥되었고 매도 수없이 맞았다. 여러 번 죽을 뻔했다. "유대인들에게 사십에서 하나 감한 매를 다섯 번 맞았"다. 세 번 태장을 맞았으며 한 번 돌로 맞았다. 파선하는 배에 타는 바람에 일주일을 깊은 바다에서 지냈다. "강의 위험과 강도의 위험과 동족의 위험과 이방인의 위험과 시내의 위험과 광야의 위험과 바다의 위험과 거짓 형제 중의 위험"을 당했다. "여러 번 자지 못하고 주리며 목마르고 여러 번 굶고 춥고 헐벗었노라"고 그는 고백했다(고후 11:23-27 참조). 바울의 등에는 채찍을 맞은 흉터가 수없이 남아 있었을 것이다.

예수님은 "나로 말미암아 너희를 욕하고 박해하고 거짓으로 너희를 거슬러 모든 악한 말을 할 때에는 너희에게 복이 있나니 기뻐하고 즐거워하라 하늘에서 너희의 상이 큼이라"(마 5:11-12)고 말씀하셨다. 이렇듯 예수님으로 인하여 트라우마를 겪는 믿음의 사람들이 있다.

당신은 이와 같은 트라우마를 겪은 적이 있는가? 아니 예수님으로 인한 것이 아니더라도 트라우마를 겪은 적이 있는가?

예수님은 당신의 트라우마를 공감하신다. 히브리서 기자는 "그가 시험을 받아 고난을 당하셨은즉 시험 받는 자들을 능히 도우실 수 있느니라"(히 2:18)고 이 사실을 지지한다. 그는 "우리의 연약함을 동정 [공감]하지 못하실 이가 아니요"(히 4:15)라고 덧붙인다. 나는 자신이 겪은 고통과 고민, 갈등을 과제물로 낸 신대원생들에게 종종 피드백 하는 표현이 있다: "You are not alone." 트라우마의 보편성을 인식 하면 위로가 된다.

2) PTSD도 하나님의 손에 사용될 수 있다는 점을 인식한다.

외상과 고통스러운 경험은 하나님의 도구가 될 수 있다. 앞서 시작 부분에서 언급했던 자살한 친구를 목격한 H의 경우처럼 말이다. 트라 우마는 H를 구원하기 위해 사용하신 불가항력적인 은혜의 도구였다 고 해석될 수 있다.

Chapter 3

역기능 가정은 걸림돌이자 디딤돌이다

"상처를 성장의 도구로
사용하라"

M은 세상에 태어났을 때 환대 받지 못했다. 딸만 다섯을 낳은 엄마는 시어머니의 구박을 많이 받았다. 아빠도 엄마를 위로해 주지 않았다. 그녀가 태어나던 날 엄마는 또 딸이 태어나자 실망해서 아기를 젖도 물리지 않고 냉기가 있는 윗목에 버려두었다. 저주에 가까운 시어머니의 욕설과 아빠의 울음소리가 M이 세상에서 처음 들은 소리였다. 아기가 울어도 엄마는 반응하지 않다가 이틀이 지나서야 겨우 정신을 차리고 아기에게 젖을 먹였다.

M은 만성적인 우울감을 갖고 살았다. 자신의 삶도 여성으로서도 가치감을 느끼지 못했다. 자신은 무대의 엑스트라와 같은 존재라고 말했다. 결혼할 나이가 되었지만 부모로부터 '환영 받지 못한' 아이였다는 인식이 그녀를 괴롭혔다.

N은 알코올중독이 있는 아빠와 엄마 사이에서 성장한 미혼 여성이

다. 어릴 적부터 술 마시고 돌아온 아빠가 엄마와 싸우는 것을 지켜보는 것이 일상사였다. 아빠의 고함소리와 엄마의 울음소리가 그녀가 기억하는 아빠 엄마에 대한 대상이미지였다. 그런데 그렇게 싸워 놓고도 어느 날은 언제 그랬냐는 듯 서로 웃으며 대화하는 부모를 보면 혼란스러웠다. 그녀는 자신이 왜 이런 부모 밑에서 태어났는지를 이해할 수 없었다. 어느 날 친구 집에 놀러 갔다가 친구의 부모님이 서로를 다정하게 대하는 모습을 보고 충격을 받았다. 이렇게 살아가는 집도 있다는 것이 이상하게 느껴지기조차 했다. N은 아빠 같은 남자를 만날까 봐 결혼이 두렵다고 했다. 자녀가 자신처럼 고통을 겪을까 봐 아기를 갖는 것도 두렵다고 했다.

O는 태어날 무렵 일곱 살 오빠가 물에 빠져 죽는 바람에 자신의 생일을 제대로 챙겨 본 적이 없었다. 오빠의 죽음 이후로 아빠는 술을 달고 살았고 특히 자신의 생일 무렵이 되면 아빠는 늘 술에 취해 있었다. 엄마는 그런 아빠를 대신해 돈 버느라고 늘 바빴고, 그런 탓에 O는 어린 시절 아빠 엄마와 따뜻한 추억이 없다고 했다. 그녀는 자신이 저주받은 인생인 것 같다고 표현했다. 아빠가 폭행을 하거나 욕을 한 적은 없으나 아빠를 생각하면 늘 측은한 마음이 든다고 했다.

위에서 언급한 세 사람을 이해하고 도와주려면 그들이 역기능 가정에서 성장한 배경을 가진 성인아이라는 사실을 알아야 한다. 그리고 그들이 겪는 공통적인 증상들을 이해해야 한다.

가정은 개인의 대인관계 능력이 성장하는 모판이다. 모든 관계의 홈베이스다. 그래서 작고한 가족치료사 버지니아 사티어(Virginia Satir)는 가정을 '사람 만드는 공장'이라고 표현했다.

가정에서 우량품 인간이 생기는 반면 불량품 인간도 생긴다. 100퍼센트 우량품이 아니고 어느 정도 기능하는 우량품이다. 불량품이라고 해서 심리적으로 100퍼센트 불량품이 아니라 어느 정도 역기능성이 있는 불량품이다.

그러나 성경의 관점에서 보면 모든 인간은 죄로 인하여 영적으로 불량품이다. 조금 고치면 쓸 수 있는 불량품이 아니라 완전히 망가진 불량품이다. 예수 그리스도와 연결되지 않고는 우량품으로 바뀔 수 있는 가능성이 전혀 없다. 심리치료를 통해서도 영적 불량품은 해결할 수 없다.

아무튼 가정은 자녀들이 부모와 형제자매와 대상관계를 맺음으로써 세상에서 대인관계를 맺는 능력을 발달시키는 환경이다. 가정에서 습득한 대인관계 방법을 무의식적으로 반복할 가능성이 매우 높다는 것이 정신분석학자들과 발달심리학자들의 공통된 견해다.

아기가 엄마와 맺는 대상관계는 이후에 이어질 수많은 대인관계의 원형이 된다. 최초의 관계 경험, 즉 엄마의 배 속에서부터 경험하는 관계 경험이 미래의 관계의 특징을 형성한다.

당신 스스로 질문해 보라.

"내가 엄마 배 속에 있을 때 엄마 아빠는 어떤 관계였나?"

"세상에 태어났을 때 나는 따뜻한 환대를 받았는가?"

"아니면 냉대를 받았는가?"

대부분의 사람들은 3~4세까지의 기억이 없다. 당신도 마찬가지이리라. 그러나 기억이 없는 이 시기에 겪은 대상관계 경험의 내용과 질은 이후의 대인관계에 영향을 끼친다는 것이 대상관계이론과 자기심리학 및 애착이론 정신분석학자들의 공통된 입장이다. 결정론적으로 말하는 것은 지나치지만 상당한 연결고리가 있는 것이 사실이다. 집의 기초가 땅속에 있어서 보이지 않지만 중요한 것과 마찬가지다. 나무의 뿌리도 보이지 않지만 뿌리가 양분과 수분을 흡수해서 나무 본체에 영향을 주는 것과 마찬가지다.

심리적 기초가 취약한 사람은 대인관계의 불안을 감당할 수 있는 능력이 약하다. 그래서 여러 방어기제를 무의식적으로 사용해서 대인관계를 한다. 방어기제는 단기적으로는 도움이 되나 장기적으로는 대인관계를 방해하는 핵심 걸림돌이 된다.

사도 바울은 영적 성숙과 심리적 성숙의 지표가 되는 사랑의 속성들을 14가지로 소개한 뒤에 "내가 어렸을 때에는 말하는 것이 어린아이와 같고 깨닫는 것이 어린 아이와 같고 생각하는 것이 어린 아이와 같다가 장성한 사람이 되어서는 어린 아이의 일을 버렸노라"(고전 13:11)고 고백했다. 이와 같이 어린 아이는 어린 아이답게 생각하고 깨닫는 것이 정상이다. 어린 아이는 미성숙하게 대인관계 하는 것이 정상이다. 그러나 어른은 장성한 사람답게 관계하는 것이 정상이며 하나님의 뜻이다.

역기능 가정에서 성장한 성인아이들은 몸은 성인이 되었지만 생각하는 것이나 깨닫는 것이나 느끼는 것이나 행동하는 것, 대인관계 하는 것이 아이 수준과 같은 것이 특징이다. 이들은 대인관계에서 부정적인 증상들과 씨름한다. 외로움을 느끼거나 자신의 문제는 특별해서 다른 사람들이 잘 이해할 수 없다고 생각한다. 자신의 생각이나 느낌을 솔직하게 표현하지 못한다. 상처를 쉽게 받는다. 역으로 상처를 주고도 준 줄 모른다. 지나치게 이기적이거나 지나치게 이타적이다. 대인관계에서 수반되는 불안과 분노에 취약하다. 의존적이거나 매우 독립적이다. 무책임하거나 과책임적이다. 지나치게 배려하거나 아예 무관심하다. 상대방의 경계선을 쉽게 침범하거나 자신의 경계선을 지키지 못한다. 따라서 대인관계에서 고통을 야기한다. 그리고 고통을 겪는다.

이와 같이 역기능 가정에서 성장기를 보낸 성인아이들의 대인관계 특징은 극단성이다. 어릴 때는 어른처럼 관계 맺고 행동하는 반면, 어른이 되어서는 아이처럼 관계 맺고 행동한다. 이는 성장기에 경험해 보지 못한 것을 경험하고 싶어 하는 욕구 때문으로 이해할 수 있다. 야구를 비유로 든다면, 1루와 2루를 밟지 않고 3루로 가면 밟지 않은 1루와 2루를 경험해 보고 싶은 욕구가 성인기에 와서야 생긴다고 볼 수 있다. 심리적으로 본다면 퇴행하고 싶은 욕구가 생기는 것이다. 그래서 성인아이의 심리적 나이는 실제 나이보다 어리다. 어른임에도 불구하고 어른다운 인간관계를 하지 못하는 이유가 여기에 있다.

역기능 가정은 자녀들이 대인관계를 학습하기에는 열악한 환경이다. 이런 가정에서 성장한 자녀는 건강한 의사소통 방식을 부모로부터 학습하기가 어렵다. 특히 갈등을 해결하는 법을 배우지 못한다. 공격적이 되거나 순응적이 되는 방식으로 불안을 처리하는 부모의 모습을 지켜보면서 자신도 모르는 사이에 부모와 비슷한 대인관계 패턴을 갖게 된다.

역기능 가정의 성인아이들은 성인이 되었을 때 성격장애 증상과 씨름하게 될 위험성이 높다. 성격장애의 중요한 영역이 대인관계이기 때문이다. 성인아이들은 심리적으로 취약하다. 겉으로는 성공해서 인정받는 위치에 올라갔어도 내적으로는 취약하다. 나이에 맞는 심리적 발달을 성취하지 못했기 때문이다.

성인아이가 씨름하는 공통적인 걸림돌을 크게 여섯 가지로 나누어 다루었다. 낮은 자존감과 부정적 자아상, 나쁜 대상관계와 취약한 자기, 불안한 애착, 탈착과 정서적 단절, 대상항상성 결핍, 그리고 죄책감과 수치심이다.

"나를 좋아할 리 없어요"

낮은 자존감과 부정적 자아상

P는 이국적인 외모를 가진 미혼 여성 내담자였다. 30대 중반이었지만 여전히 나이보다 어려 보였다. 그러나 그녀는 자신의 외모에 대해서 자신이 없었다. 이미 성형수술을 여러 차례 했지만, 돈이 모이면 눈을 좀 크게 만드는 성형수술을 하고 싶다고 했다. 나는 성형수술 할 필요가 전혀 없을 만큼 이미 외모가 뛰어나다고 피드백해 주었다. 하지만 내 말은 별로 효과가 없었다. 그리고 안타깝게도 P는 상담 과정에서 별로 도움을 받지 못한 채 상담을 종결하고 말았다. 성장기에 형성된 낮은 자존감이 치료되지 않는 한 그녀의 성형 욕구는 계속 일어날 것이다.

역기능 가정의 구성원들의 심리적 특징을 한마디로 표현한다면 '낮은 자존감'이다. 역기능적인 부모에게서 건강한 자기 가치감을 가진 자녀가 나오기를 기대하는 것 자체가 무리다. 떳떳하고 자랑스럽고 존경스러운 부모를 경험하지 못한 자녀가 자기 가치감을 갖기는 어렵기 때문이다. 자기애성 성격장애자가 갖고 있는 자기 과대감도 낮은 자존감 때문에 생기는 것이다.

낮은 자존감을 가진 사람은 이성관계에서 자신감이 없다. 자기 이미지가 부정적이기 때문이다. "내가 마음에 드는 이성이 나를 좋아할 리 없어!", "진짜 내 모습을 알게 되면 실망하고 떠날 거야!", "내 부모를 만나면 실망할 거야!" 이런 생각을 하는 사람은 마음에 드는 이성이 있어도 자신 있게 이성관계를 맺을 수 없다.

부모의 양육 경험이 내면화되어 생기는 '내부 대상 이미지'(internal object image)가 부정적이면 '취약한 자기'(fragile self)를 가진 사람이 될 가능성이 높다. 취약한 자기 구조를 가진 사람은 대인관계에서 생기는 불안을 제대로 처리하지 못한다.

이런 사람은 대인관계에서 상대방이 좋은 말을 해 주어도 제대로 소화하지 못한다. 소화할 수 있는 자기 구조물이 약하기 때문이다. 좋은 말을 들어도 설사한다. 아니면 토한다. 결국 자신의 양분으로 삼지 못한다. 안타까운 일이다.

취약한 자기 구조물을 가진 사람은 하나님이 성경 말씀을 통해 반복적으로 "내가 너를 사랑한단다, 내가 너를 기뻐한단다, 내가 너를 결코 버리지 않을 거야"라고 말씀하셔도 그 말씀을 가슴으로 소화하지 못한다. 그러나 일부 크리스천들은 심리 구조가 약함에도 불구하고 하나님의 은혜로 하나님의 말씀을 '아멘'으로 소화해서 건강한 자아상을 회복하는 이들도 있다.

 치유와 극복 방안

미러링(mirroring)을 경험한다.

좋은 대상 경험을 많이 하면 부정적인 자아상이 회복된다. 하나님이 만드신 질서다. 이것은 동물들에게도 적용된다.

미러링은 상대방의 말이나 행동을 거울처럼 따라 하게 되면서 공감대를 형성하는 것을 뜻한다. 미러링을 경험한 자기는 '좋은 자기' (good self)다. 이 자기는 완벽하지 않아도 괜찮은 자기다. 있는 그대로 인정하고 수용하는 자기다. 이 좋은 자기가 형성되어야 긍정적이며 건강한 대인관계를 할 수 있다. 좋은 자기는 좋은 대상관계를 맺게 하는 기반과 힘을 제공한다.

미러링이라는 공감 경험은 자기를 객관적이면서도 가치 있게 인식하는 데 필요한 경험이다. 사실 부모가 비춰 주는 거울은 아무리 좋은 부모라도 약간 왜곡된 거울이다. 심리적으로 그 정도의 왜곡은 정상이며 괜찮다고 본다. 그러나 심각한 왜곡이 있는 거울을 통해 자녀를 비춰 주면 자녀의 자아상은 왜곡될 수밖에 없다.

하지만 하나님의 말씀은 단 1퍼센트도 왜곡되지 않은 거울이다. 예수님의 삶과 사역에 나타난 하나님의 영광은 왜곡되지 않은 거울이다. 예수님과 연결된 그리스도인은 왜곡되지 않은 예수님의 거울로 자신을 본다.

무조건적인 사랑으로 구원해 주신 하나님의 사랑이라는 거울로 자신을 비출 때만 인간은 자신의 얼굴을 제대로 볼 수 있다. 여전히 죄가 있음에도 불구하고 하나님의 사랑을 받는 자로서 자신을 수용할 수 있다. 자신의 존재 가치와 자신의 연약성을 있는 그대로 수용할 수 있게 된다.

하나님의 사랑을 내면화한 성도는 건강한 대인관계를 유지할 수 있다. 다른 성도들을 자신처럼 대할 수 있다. 완벽하지 않아도 괜찮은 존재로 볼 수 있다. 상대방의 약점도 이해하고 사랑할 수 있다. 심지어 불신자들과도 건강하게 대인관계 할 수 있다. 긍휼과 자비의 눈으로 볼 수 있다.

하나님이 당신을 계속 미러링하고 계심을 의식화하라. 하나님은 성경을 통해 당신이 얼마나 귀하고 영광스러운 존재인지를 반복적으로 말씀하신다: "너는 내 것이라", "내가 너를 기뻐하노라", "내가 세상 끝날까지 너와 함께할 것이다", "내가 이처럼 사랑해서 독생자 예수를 준 것이다", "두려워 말라 내가 너와 함께함이니라 놀라지 말라 내가 너와 함께함이니라", "네가 어디로 가든지 내가 함께 할 것이다."

이와 같은 하나님의 말씀은 생명의 말씀이다. 이 말씀을 당신의 것으로 내면화하고 소화할 수 있기를 바란다. 세상의 그 어떤 것도 당신을 하나님의 사랑의 줄에서 끊을 수 없다. 이 믿음이 흔들리지 않기를 바란다. 당신이 반석 위에 집을 세운 지혜로운 사람처럼 살기를 바란다. 그리스도와 연결되어 있는 한 당신의 집은 비바람이 불고 홍수가 나도 무너지지 않을 것이다.

하나님으로부터 미러링을 받는 성도는 세상의 권력자나 힘을 가진 사람들 앞에서도 담대할 수 있다. 오순절에 성령이 임한 후에 두려움이 이슈였던 베드로가 달라졌다. 예수의 이름으로 전하지도 가르치지도 말라고 경고하는 예루살렘 공회원들에게 "하나님 앞에서 너희의 말을 듣는 것이 하나님의 말씀을 듣는 것보다 옳은가 판단하라 우리는 보고 들은 것을 말하지 아니할 수 없다"(행 4:19-20)라고 담대하고 똑똑하게 대답했다.

혹시라도 당신의 성장기에 겪었던 심리적 경험이 주로 나쁜 대상관계 경험이라고 생각하는가? 설령 그렇다고 할지라도 과거의 경험이 현재의 경험에 계속 영향을 주도록 방치하는 것은 성경적인 자세가 아니다. 새로운 대상관계 경험을 통하여 과거 대상관계 경험을 치료할 수 있는 기회가 여전히 주어져 있음을 잊지 말라.

그러나 과거 경험을 인식하지 못하면 과거 경험은 현재 경험에 무의식적으로 영향을 끼친다. 과거 경험과 현재 경험을 구별하여 새로운 대상관계 경험으로 나아가는 것이 지혜다. 그리고 하나님의 뜻이다. 과거의 관계에 매인 채 계속 역기능적인 관계를 반복하는 것은 어리석다.

어릴 때 당신은 수동적일 수밖에 없었다. 그러나 성장한 후에는 능동적으로 좋은 대상관계를 맺을 수 있는 행사력이 당신에게 있다. 대접 받고자 하는 자마다 먼저 대접하라는 예수님의 말씀에 순종해서 당신이 먼저 타인에게 좋은 대상이 되는 것도 치료적이다. 좋은 대상이 되면 타인들도 선순환적으로 당신에게 좋은 대상으로 다가올 것이다.

가장 귀하고 좋은 대상관계는 삼위 하나님과의 관계다. 다윗은 "내 부모는 나를 버렸으나 여호와는 나를 영접하시리이다"(시 27:10)라고 고백했다. 이 말씀은 불변하는 진리다. 이 성경적 진리를 아멘으로 소화할 수 있기를 바란다. 당신이 하나님의 가치 있는 자녀임을 인식하고 대인관계에서 주눅 들지 말고 자신 있게 살아가기를 축복한다.

걸림돌 2

"자신이 없고 주눅 들어요"

나쁜 대상관계와 취약한 자기

성장기에 부모 대상과 맺은 대상관계는 현재의 인간관계에 영향을 끼친다고 보는 대상관계 이론(object relations theory)에 의하면 나쁜 대상관계로부터 생기는 나쁜 자기가 낮은 자존감의 이유라고 설명한다. 자기심리학은 공감 경험의 결핍이 취약한 자기를 만들고 취약한 자기를 가지면 낮은 자존감으로 살게 된다고 설명한다. 구별해서 설명하지만 사실상 밀접한 관계가 있는 걸림돌이다.

좋은 대상관계인지 나쁜 대상관계인지를 구별하는 방법은 대상에 대해서 느끼는 감정을 표현하는 동사가 긍정적인지 부정적인지를 살피는 것이다. '사랑한다, 보고 싶다, 그립다'와 같은 동사가 주어(자기)

와 목적어(대상) 사이에 들어가면 좋은 대상관계다. '미워한다, 화난다, 두렵다, 꼴도 보기 싫다'와 같은 동사가 주어와 목적어를 연결하면 나쁜 대상관계다.

어릴 적에 주로 부모나 보호자로부터 경험된 나쁜 대상관계 경험은 이후의 삶에서 대인관계를 할 때 평행 과정으로 반복될 가능성이 높다. 이미 내면화된 나쁜 대상관계 경험이 새로운 관계에서 재확인될 때 그 경험은 이전의 경험을 강화시킨다. 따라서 점점 나쁜 자기 구조물을 형성한다. 나쁜 자기 또는 취약한 자기라고 부르는 심리 구조물을 가진 사람은 성숙한 대인관계를 하기가 어렵다. 자신 없고, 주눅 들고, 상처받기 쉽고, 눈치 보고, 긴장하고, 불안하기 때문이다.

자기심리학자들은 엄마의 미러링 경험이 아기의 자기 발달에 중요하다고 주장한다. 아기는 자신의 모습을 엄마의 눈빛을 통해 확인한다. 엄마의 총애를 받을 때 과대자기(grandiose self)의 욕구가 충족된다. 이 욕구가 만족되면 좌절과 실패에도 불구하고 견뎌 낼 수 있는 현실 자기(real self)가 발달한다. 아울러 외부와 상호작용할 수 있는 힘이 생기며 타인을 공감하는 심리적 힘이 생긴다. 이 공감하는 능력이 결핍되면 대인관계를 제대로 할 수 없다. 자기중심적인 어린 시절의 발달단계에 고착된다.

자기심리학자들은 엄마의 적절한 미러링 경험과 더불어 아빠에 대한 이상화 경험이 수반될 때 '응집력 있는 자기'(cohesive self)를 가진 아이로 성장한다고 주장한다. 반대의 경우 아이는 '취약한 자기' 또는

'거짓 자기'(false self)를 갖게 된다고 본다. 미러링과 이상화 경험이 둘 다 실패해도 '쌍둥이 전이'(twin transference) 경험을 통해 자기감을 발달할 수 있는 기회가 여전히 남아 있다고 본다. 이 경험은 자신과 비슷한 처지에 있는 형제자매나 친구와 동일시하면서 자기감을 형성해 가는 것을 의미한다.

성장기를 거치면서 모든 인간은 자기에 대한 '꼴' 또는 '틀'을 형성한다. '꼴값' 한다는 말이 있다. 마음의 꼴에 따라서 행동하게 되고 대인관계를 하기 때문이다.

아이는 집을 짓는 건축가다. 엄밀한 의미에서 집은 부모와 중요한 타자들의 영향을 받아 지어진다고 볼 수 있다. 기초와 기둥이 약한 '취약한 자기' 구조물을 가진 사람들이 너무 많다. 이런 사람은 자존감이 낮을 수밖에 없다. 자기를 크게 여기는 자기웅대감이 특징인 자기애성 성격장애자도 실상은 마음의 꼴이나 틀이 취약한 셈이다.

취약한 자기를 가진 사람은 건강하고 대등한 대인관계를 할 수 없다. 대인관계에서 생길 수 있는 갈등과 수반되는 불안을 성숙하게 처리하기 힘들기 때문이다. 현실적으로 생길 수 있는 좌절 경험이나 상처 경험을 소화하고 극복하기 어렵기 때문이다. 자칫하면 자기감이 깨지거나 무너진다. 자살 충동까지 느낀다. 충격을 극복하지 못해서 정신분열이 발병될 수도 있다.

대인관계에서의 실패 경험을 극복하지 못한 채 아파트에서 뛰어내리는 사람들이 종종 있다. 어떤 사람들은 혼자 죽는 것이 두려워서 자살 사이트를 통해 만난 생면부지의 사람들과 펜션을 빌려서 번개탄을 피워 놓고 자살한다. 어떤 이들은 혼자 자동차 안에 번개탄을 피워 놓고 자살한다. 자살하는 사람들은 대개 취약한 자기를 갖고 있다.

성장 과정에서 특히 엄마로부터 수용적이며 공감적인 경험을 많이 한 사람일수록 수용적이며 공감적일 가능성이 높다. 성장기를 지난 후에도 배우자로부터 공감 경험을 충분히 한 사람은 타인을 공감하기가 쉽다.

받아 보지 못한 것을 주는 것은 어렵다. 구체적으로 공감 받는 경험이 무엇인지를 학습한 적이 없는 뇌는 공감하는 능력이 발달되지 않는다.

이와 같은 심리학적 이해는 당신의 삶을 이해하고 진단하는 데 도움을 줄 수 있다. 그러나 조심할 점은 심리학적 이해에 스스로를 가둘 필요가 없다는 사실이다. 성장기에 좋은 대상관계를 경험하는 것이 중요하다고 강조하는 것은 필요하다. 그러나 결정론적으로 받아들이면 그 틀에 갇혀 버릴 위험성이 크다. 또는 자신의 행동을 합리화할 위험성이 있다. 부모를 탓하거나 자신을 합리화하기 위해서 심리 이론을 사용하는 것은 미성숙한 행동이다.

성경에는 역기능 환경에서 자랐지만 하나님에게 귀하게 쓰임 받은 사람들의 이야기가 많이 나온다. 대표적인 인물이 사사 입다다. 길르앗이라는 지도자와 기생 사이에서 태어난 그는 성장 후 이복형제들로부터 버림을 받았다: "너는 다른 여인의 자식이니 우리 아버지의 집에서 기업을 잇지 못하리라"(삿 11:2). 기생의 아들로 태어났고 심지어 형제와 동족들로부터 버림을 받았지만 그의 인품과 신앙과 역사의식은 뛰어났다. 암몬이 전쟁을 일으켰을 때 그는 군대장관으로 부름을 받는다. 그리고 전쟁에서 승리했다. 나는《성경인물과 심리분석》에서 그에 대해 다음과 같이 썼다:

> 그는 그를 따르는 무리에게 '품어 주는 환경'을 제공하는 '좋은 대상' 역할을 잘 감당한다. 그 또한 자신을 신뢰하고 인정하고 따르는 무리들과의 좋은 대상관계 경험을 통해 그의 성장 과정에서 입은 상처들을 치료받는다. 그는 역기능 가정의 성인아이로서 갖는 부정적인 면들을 거의 드러내지 않고 황무지에서도 흐트러짐 없이 피어난 한 송이 꽃처럼 건강한 리더의 여러 면들을 드러낸다(p. 117).

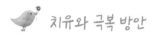 치유와 극복 방안

1) 성장기의 부모를 부분 대상이 아닌 전체 대상으로 이해한다.

Q는 태어난 지 얼마 안 되어 유모의 손에 길러진 경험을 가진 미혼 남성이었다. 엄마는 고급 레스토랑을 경영하느라 바빠서 그에게 직접 수유하지 못했다. 그가 어릴 적부터 가졌던 환상은 가슴이 큰 여성과 결혼하는 것이었다. 결핍되었던 엄마 가슴이라는 부분 대상이 이상화

되었던 것이다. 청년기에 가슴이 큰 여성들과 데이트도 했지만 다른 부분이 마음에 들지 않아 결혼까지는 용기를 내지 못했다. 마침내 Q는 마음이 통하는 크리스천 자매를 만났다. 결혼을 결정하는 데 걸림돌이 된 것은 그 자매가 안타깝게도 가슴이 작은 것이었다. 나는 그에게 "가슴과 결혼생활할 것인가요?"라고 질문했다. 그는 이 질문을 통해 자신이 가슴과 결혼하는 것이 아니라 사랑하는 한 여성과 전 인격적으로 결혼하는 것이라는 사실을 통찰할 수 있었다. 그는 이 자매를 전체 대상으로 볼 수 있는 눈이 열리기 전에는 자신의 심리 역동적인 이슈와 관련이 깊은 '큰 가슴'이라는 부분 대상을 포기할 수 없었다. Q는 반복적으로 넘어지던 걸림돌을 곧 극복할 수 있었다. 유아 때부터 가졌던 환상을 '떠나보내고' 그녀와 결혼을 선택한 것이다. 두 사람이 지금도 행복하게 살고 있으리라 믿는다.

성장기에 부모와의 관계에서 경험했던 부정적인 대상 경험들도 많은 경우 부분 대상 경험일 때가 많다. "아빠는 나를 항상 방치했어요" 또는 "엄마는 너무 냉정했어요" 같은 내담자의 이야기는 전체 대상에 대한 이야기가 아닌 경우가 많다. 부정적인 부분 대상 경험이 긍정적인 부분 대상 경험을 압도하기 때문이다. 부정적인 부분 대상 경험을 입으로 발설하고 나면 많은 경우 긍정적인 부분 대상 경험들이 기억에서 떠오른다. 아빠나 엄마가 아주 나쁜 분이 아니었다는 사실을 새롭게 인식하는 것 자체가 자존감 형성과 대인관계에서 긍정적인 변화를 가져올 수 있다.

대부분의 대인관계에는 주로 부분적으로 경험한 대상 이미지가 작용한다. 따라서 의식적으로 상대방의 전체 대상 이미지를 보도록 노력해야 한다. 긍정적인 면과 부정적인 면이 공존하는 존재로 상대방을 바라보면 성숙한 대인관계를 할 수 있다.

2) 상대방을 이상화하지 않는다.

자신의 부모나 배우자를 이상화하는 이들이 있다. 이런 마음의 틀을 갖고 있으면 배우자나 자녀들과 현실적인 관계를 맺기가 어렵다. 어머니를 이상화하는 남자는 자신의 아내에게 만족할 수 없다. 아버지를 이상화하는 여자는 자신의 남편을 존경할 수 없다.

완벽을 추구하면 결국 상대방을 있는 그대로 수용하며 이해할 수 없다. 현재의 관계를 수용하며 즐길 수 없다. 그리고 상대방을 고통스럽게 한다.

모든 인간은 이상화할 만큼 완벽한 존재가 아니라는 것이 성경의 가르침이다. 성장기는 일시적으로 부모를 이상화하는 단계를 거쳐야 한다. 그러나 그 단계에 고착되어 있으면 자신도 힘들고 상대방도 힘들다. 이상화의 틀을 내려놓아야 한다.

"상대방이 멀어지면 불안해요"

불안한 애착

R은 중학교 1학년 때 부모가 이혼을 했는데 그 과정에서 여러 번 거주지를 옮겨야 했다. 엄마와 같이 살았지만 얼마 되지 않아 아빠에게 보내졌다. 아빠가 재혼해서 새엄마랑 살았지만 6개월을 넘기지 못하고 새엄마와 싸우고 집을 나왔다. 이모 집에서 학교를 다녔지만 이모도 이혼하는 바람에 집을 나와야 했다. 다시 엄마에게 가려고 했지만 엄마도 자식이 딸린 남자와 재혼하는 바람에 갈 수 없어서 고모 집에서 자랐다고 한다. 이렇듯 그 누구와도 안정된 애착 경험을 하지 못한 R은 현재 사귀는 남자 친구가 혹시 자기를 떠날까 봐 불안하다고 했다. R은 뿌리를 내리기 힘든 삶이었음에도 직장을 얻고 신앙생활을

하는 귀한 자매였다.

성장기에 불안한 애착(anxious attachment)을 경험한 사람은 불안한 애착관계 패턴을 반복할 위험성이 있다. 이런 사람은 가까운 사람과 붙었다 떨어졌다를 반복하는 관계를 맺게 된다.

애착 경험이 안정적이지 못하면 대인관계에서 반복적으로 걸림돌에 걸려 넘어진다. 상대방이 조금이라도 멀어지는 것처럼 여겨지면 불안하기 때문이다. 이들이 느끼는 '분리불안'은 정상의 수준을 넘어선다. 불안 때문에 상대방에게 의존하거나 집착하면 결국 관계는 악화된다.

불안한 애착을 하는 크리스천은 하나님과의 관계에서도 쉽게 걸림돌에 넘어진다. 하나님이 침묵하시거나 응답을 늦게 하면 인내하지 못한다. 우울해지고 버림받았다는 느낌을 호소한다. 이런 크리스천은 심리치료가 필요하다. 그래야 하나님의 신실한 사랑을 믿고 위기와 고난도 견뎌 낼 수 있는 신앙적 맷집을 가질 수 있다.

 치유와 극복 방안

1) 대상항상성을 반복적으로 경험한다.
불안한 애착을 호소하는 사람은 대상항상성 경험이 반복적으로 필요하다. 누적된 치료적 경험을 통해 불안을 다독일 수 있는 응집력 있는 자기가 생기면 조금씩 안정된 애착을 유지할 수 있다. 그러면 안정된 대인관계를 맺을 수 있다.

2) 하나님은 당신과 안정된 애착관계를 맺으신다는 사실을 기억한다.

하나님은 100퍼센트 의로우시며 100퍼센트 심리적으로 성숙하신 분이다. 하나님은 당신과 안정된 애착관계를 맺으신다. 천 대에 이르기까지 언약을 지키신다. 약속을 변개하지 않으신다. 신실하게 붙드신다. 어떤 상황에서도 당신을 포기하지 않으신다.

당신은 미성숙해서 하나님의 품을 멀리하고 떠날 수도 있다. 그러나 하나님은 결코 당신을 버리시지 않는다. 예수님의 비유에 등장하는 탕자의 아버지가 하나님이시다.

"상처받기 싫어요, 끝내요"

탈착과 정서적 단절

탈착(detachment) 또는 정서적 단절(emotional cut-off)은 역기능적인 가족관계에서 극단적으로 일어날 수 있는 증상이자 원인이다. 탈착은 불안한 애착보다 심각한 수준의 방어기제다. 더 이상 상처를 받지 않기 위해 아예 정서적인 연결고리를 완전히 끊는 것이다.

생물학적으로 설명한다면 유기체는 각 부분이 서로 상호작용해야 생명력을 유지할 수 있다. 혈액이 모세혈관까지 잘 전달되어야 건강하다. 혈관이 막히면 심장마비나 뇌졸중을 일으킨다.

마찬가지로 가족관계에서 탈착된 채 오래 살면 그 사람은 다른 사람들과도 적절한 수준의 애착관계를 형성하지 못한다. 가족관계에서

매면 다른 관계도 매인다. 그러나 가족관계에서 풀면 다른 관계도 풀릴 가능성이 높다.

 치유와 대처 방안

소원해진 가족들에게 한 걸음씩 다가간다.

정서적인 탈착은 생존하기 위해 사용하는 방어기제다. 대응할 힘이 약할 때 살아남기 위해 가족과 정서적인 단절을 시도하는 것이다. 그러나 일시적으로 유용했던 방어기제를 계속 사용하는 것은 결국 성장과 변화로 나아가는 길에 걸림돌이 된다.

혹시라도 당신과 단절 관계에 있는 가족이나 친구가 있는가? 그렇다면 먼저 한 걸음씩 다가가고 손을 내밀라. 하루아침에 단절되었던 통로가 열리기는 매우 어렵다. 최소한 얼굴이라도 볼 수 있고 전화 연락이라도 한 번씩 하면서 지내는 관계로 진전하는 것이 성장으로 나아가는 첫걸음이 될 수 있다.

"부모를 떠날 수가 없어요"

대상항상성 결핍

건강한 부모는 아이를 양육하는 과정에서 비교적 괜찮은 수준의 대상항상성을 경험시킬 수 있다. 발달단계에 맞게 약간의 좌절 경험과 부정적인 경험을 시키지만 비교적 괜찮은 부모로서 아이와 관계할 수 있다. 이 대상항상성을 경험한 자녀는 부모를 자신의 삶에서 흔들리지 않는 항구와 등대와 같은 존재로 인식하게 된다. 그래서 인생이라는 항해를 서서히 독립적으로 감당할 수 있다. 조금씩 더 멀리 항해할 수 있다.

"많은 사람이 얕은 물가에서 저 큰 바다 가려다가 찰싹거리는 작은 파도 보고 맘이 졸여서 못 가네"라는 찬송 가사가 생각난다. 하나님은 성도의 삶에 어떤 경우에도 피난처가 되신다. 흔들리지 않는 시온 산과 같이 버텨 주시며 보호해 주신다. 이 신실한 약속을 믿는 성도는 "깊은 바다를 헤아려" 멀리까지 모험할 수 있다.

성도가 가야 할 목적지는 분명히 존재하는 하늘나라다. 천국은 가상도 아니고 비현실적인 곳도 아니다. 이 세상에서 경험하는 불안과 두려움을 다독이기 위해 가상으로 있다고 믿는 그런 곳이 아니다. 눈에 보이지 않지만 지금도 살아 계시며 영원히 존재하시는 하나님이 다스리시는 나라다.

하나님 나라의 시민권을 갖고 있다고 확신하는 사람은 항해 중에 발생할 수도 있는 폭풍과 배의 전복조차 궁극적으로 두려워하지 않는다. 영원하며 흔들리지 않는 나라가 그를 기다리고 있음을 믿기 때문이다.

만약 출항한 후에 항구가 딴 곳으로 옮겨질지도 모른다는 불안이 싹트면 출항한 자녀는 마음 놓고 항해할 수 없다. 홈베이스인 항구가 항구적이지 못하면 자녀는 세상으로 나갈 수가 없다. 불안한 자녀는 계속 뒤를 돌아본다. 심지어 결혼한 후에도 원가족 부모의 안부를 매일 확인한다. 효도심 때문이 아니라 불안한 마음 때문이다. 홈베이스인 엄마 아빠가 사랑을 거두어들일까 봐 두렵기 때문이다. 반면, 엄마와 아빠가 자신을 지켜보고 있으며 언제나 원하면 돌아갈 수 있다는 것을 믿는 자녀는 인생의 항로에서 마음껏 모험할 수 있다.

 치유와 극복 방안

대상항상성을 가진 상담사에게 상담을 받는다.

상담은 대인관계를 연습하며 습득할 수 있는 좋은 환경이다. 말을 통하여 서로 생각과 감정을 주고받으며 내담자가 치료적 경험을 하도록 촉진하는 환경이다. 성장기에 채 발달하지 못한 대인관계 능력을 발달시키는 치료적 환경이다. 치료적 관계는 힘을 실어 주는 관계다. 안전한 관계다. 쉴 수 있는 관계다. 신뢰할 수 있는 관계다.

특히 불신과 편집증의 이슈가 있는 내담자라면, 끝까지 비밀을 지킬 것이라는 상담사의 인품을 믿음으로써 세상을 신뢰할 수 있는 기초를 놓게 된다. 신뢰할 수 있는 관계를 형성시켜 주는 상담사는 헤어지고 싶지 않을 만큼 좋은 대상이다.

각종 성격장애적 요소로 씨름하는 사람은 현실적인 치료적 대상관계 경험이 필요하다. 가능하다면 당신도 상담 받기를 권한다. 상담은 정신적으로 이상한 사람이 받는 것이 결코 아니다. 누구나 받을 수 있고 누구에게도 도움이 되는 것이다. 상담(相談)은 한자어의 뜻처럼 서로 말을 주고받음으로써 내담자의 삶에 긍정적인 변화가 일어나도록 돕는 과정이다.

안정적인 대상관계를 제공하는 상담사와의 만남은 대인관계에 있어서 긍정적인 영향을 준다. 그렇게 하기 위해서는 심리적 성숙과 아울러 신앙적 성숙을 어느 정도 갖춘 기독교 상담사를 만나는 것이 중요하다.

　이론적으로 본다면 전통적인 정신분석 방법보다 대인관계에 초점을 맞추는 정신 역동적인 심리치료 접근이 효과적이다. 대상관계 이론이나 자기심리학의 이론에 기초한 상담사는 내담자에게 좋은 대상 역할을 하는 데 초점을 맞춘다. 공감하며, 인정하며, 알아주며, 수용해 주며, 설명해 주며, 칭찬해 주며, 필요할 때 적절한 좌절과 직면을 병행한다. 그래서 내담자의 내면세계에 응집력 있는 자기 구조물이 생기도록 돕는다. 이 구조물이 튼튼하게 되면 내담자는 상담 관계를 종료한 후에도 타인들과 안정된 대인관계를 유지할 수 있다.

걸림돌 6

시시ㅏ

"창피해서 나를 드러낼 수 없어요"

죄책감과 수치심

　　S는 청년기에 예수님을 영접한 직장인이었다. 직장에서 겪는 스트레스로 인해 생긴 어깨 근육통을 풀 겸 난생처음 마사지 클럽이라는 곳에 갔는데 그곳이 하필이면 퇴폐적인 마사지를 제공하는 곳이었다. S는 마사지를 받는 동안 내내 불안하고 힘들었다. 마침내 마사지하는 여성이 성적인 행동까지 했을 때 S는 유혹을 거절하지 못하고 응하고 말았다. 마사지를 받고 돌아온 후로 그는 수치심과 죄책감에서 벗어나지 못했다. 여자 친구를 만나도 눈을 마주칠 용기가 없었다. 혹시라도 성병에 걸리지 않았을까 불안하기도 했다. 하나님 앞에서 자신의 행동에 대해서 눈물로 회개했다. 그러나 그는 이 힘든 과정 중에도 다

시 그 마사지 클럽에 가고 싶다는 성적 욕구가 불길같이 일어나서 너무나 혼란스러웠다. 몇 주 뒤 그는 그 마사지 클럽에 다시 누워 있는 자신을 도무지 이해할 수 없었다. 누구에게도 이야기할 수 없었다.

S는 마침내 상담실을 찾아왔고 자신이 겪은 수치심과 죄책감에 대해서 털어놨다. 그가 경험한 수치심과 죄책감은 필요한 것이었다. 그러나 그 수치심과 죄책감은 성적 비행으로부터 자유하도록 도와주는 데는 한계가 있었다. 그는 상담 과정을 통해 미처 인식하지 못한 자신의 성장기 이슈들을 탐색하게 되었다. 그가 겪은 위기가 그의 삶을 전반적으로 재구조화하는 기회로 이끈 것이다.

역기능 가정은 신경증적 죄책감과 수치심에 기반을 둔 시스템이라고 이해할 수 있다. 각 구성원의 가치가 충분히 인정되며 수용되지 않기 때문이다. 심한 경우 자녀들은 자신의 출생을 부끄러워한다.

수치심이 핵심 감정으로 자리 잡은 사람은 대인관계에서 자신감이 없다. 자기 개방을 적절하게 할 줄 모른다. 지나치게 폐쇄적이다. 드러내고 보면 별로 수치스러운 이야기가 아님에도 불구하고 드러내지 못한다.

자기 개방을 거의 하지 않는 사람과는 친밀한 관계를 형성할 수 없다. 수치심이 걸림돌 역할을 하기 때문이다. 수치심을 극복해야 관계를 제대로 맺을 수 있다.

신경증적 죄책감은 과책임성과 연결된다. 과책임성이나 무책임성 모두 극단적이다. 관계에서 어느 한쪽이 지나치게 짐을 지면 그 관계는 오래가기 어렵다. 지치기 때문이다. 설령 관계가 이어지더라도 그 관계는 건강한 관계가 아니다. 반대로 무책임한 사람과 한두 번의 대인관계 경험을 하고 나면 사람들은 그와 더 이상 관계를 맺지 않는다. 일도 맡기지 않는다. 이와 같이 극단적인 책임성이나 무책임성은 관계를 유지하는 데 걸림돌이 된다.

 대처 방안

죄책감과 수치심의 수위를 적절하게 조절한다.

성경 말씀에 기초한 죄책감이나 수치심을 느끼는 것은 건강하다. 그러나 과민한 양심의 발달과 지나친 초자아의 발달로 인하여 마음 세계가 늘 갈등과 불안으로 점철된다면 그것은 하나님의 뜻이 아니다. 그것은 신경증의 증상이다. 죄책감이나 수치심 때문에 스스로 처벌하기 위해서 자살하거나 자해하는 것은 신경증적인 불안을 일시적으로 누그러뜨리는 행위일 뿐이다.

그러나 사이코패스적인 사람은 죄책감과 수치심을 느껴야 한다. 하루아침에 그렇게 되기란 어렵다. 건강한 수준의 죄책감과 수치심은 이 땅에 사는 인간들이 건강한 사회생활과 가정생활을 하는 데 꼭 필요한 경험이다.

Chapter 4

죄는 관계에 틈을 만든다

"틈이 없는지
늘 점검하고 보수하라"

T는 내가 오래전에 만났던 내담자였다. 남모르는 그의 고민은 기도의 마지막 부분에서 "예수님의 이름으로 기도합니다"라고 마무리하려고 하면 자신도 모르게 입에서 욕이 나올 것 같은 강박적인 생각이 떠올라 기도하기가 힘들다는 것이었다. 특히 대표기도 할 때 혹시 욕이 튀어나올까 봐 두렵다고 했다. 그래서 대표기도는 가능하면 피한다고 했다.

　T는 자존감이 낮았고 심리적으로 취약했다. 그러나 기도를 방해하는 그의 강박적인 생각과 행동은 단순히 강박증이라는 심리적인 걸림돌 이상의 것이었다. 나는 마귀가 그에게 신앙적인 성장이 일어나지 못하도록 걸림돌 역할을 하고 있을 수도 있음을 상기시켰다. 상담 과정에서 직감적으로 그 사실을 느낄 수 있었기 때문이다. 마귀는 그의 심리적 취약성을 발판으로 삼아 그의 하나님과의 관계와 성도들과의

관계에 걸림돌 역할을 하고 있었던 것이다. 나는 상담 중에 그에게 기도해 보라고 권했다. 그리고 "예수님의 이름으로 기도합니다"라는 부분에서 혹시라도 욕이 나오더라도 그냥 끝까지 기도해 보라고 했다. 실제로 입에서 욕은 나오지 않았다. T집사의 증상은 완전히 사라지는 않았다. 그는 증상이 혹시라도 악화될까 봐 불안할 때도 있지만 기도하는 시간이 더 이상 큰 스트레스가 되지는 않는다고 말했다.

U집사는 관음증 때문에 고통스러워하던 내담자였다. 어느 날 길을 가다가 모텔의 열린 창문을 통해 성관계를 하는 장면을 본 이후로 그는 반복적으로 일어나는 성충동을 조절할 수 없었다. 자신의 행동을 이해할 수 없었다. 그만두고 싶어도 그는 다시금 그런 곳을 밤늦게 찾아 헤매는 자신을 자학하고 있었다. 그는 용기 있게 나를 찾아왔고 자신의 문제를 고백했다. 상담을 하면서 증상이 호전되었다. 단기 상담으로 끝내야 하는 상황에서 나는 그에게 극단적인 처방전을 제시했다. 아내에게 고백하고 용서를 빈 뒤 도움을 청하라는 처방전이었다. 놀랍게도 그는 용기 있게 아내에게 고백했다. 아울러 용서를 빌었다. 그리고 도와달라고 요청했다. 아내는 충격으로 한동안 우울해 했다. 그러나 U는 아내에게 고백하는 순간 수치심과 죄책감으로 점철되던 그의 삶에서 진정한 자유와 기쁨을 경험할 수 있었다. 성중독적인 죄로부터 자유해지는 것이 이렇게 기쁜 것인 줄 미처 몰랐다고 했다. 전에는 수치심 때문에 다른 성도들의 눈도 제대로 쳐다보지 못했는데 이제는 시선을 자유롭게 둘 수 있어서 너무 좋다고 했다.

U집사의 경우, 마귀가 역사했기 때문에 그가 성중독에 빠졌을까? 아니면 그가 그냥 관음증이라는 성중독자였던가? 그의 관음증을 죄로 볼 수 있을까?

U집사의 관음증 행동은 분명히 하나님 앞에서 부끄러운 죄였다. 그러나 그는 중독자이기도 했다. 더 나아가 그의 성중독이라는 취약한 부분을 틈타 마귀가 그의 신앙생활과 부부생활 그리고 그 대인관계에 걸림돌을 놓았다고 볼 수 있다. 그는 그 증상으로부터 벗어나려고 결혼을 했지만 아내와의 성관계도 그를 그 중독적인 사이클에서 구조하지 못했다. 그러나 그가 진실에 직면하고 나에게 용기 있게 도움을 청하고 마침내 아내에게 고백했을 때 거짓과 기만의 아비인 마귀에게 매였던 줄이 순식간에 풀렸던 것이다. 나는 성령께서 상담의 과정을 통해 그에게 긍휼을 베푸셨다고 믿는다.

다소 극단적일 수 있는 두 사례에서 나타나듯이 죄와 마귀는 인간의 삶에 역동적으로 영향을 끼친다. 대인관계에 악영향을 미친다.

최초의 인간 아담과 하와는 하나님 앞에서 죄를 짓자마자 그들 사이의 좋았던 관계가 깨지고 말았다. 뱀을 통해 역사한 마귀는 그들과 하나님의 관계를 나쁜 관계로 만들었다. 아담과 하와는 서로 수치심을 느끼는 관계로 전락했다. 그들에게서 태어난 가인과 아벨은 시기하며 살인하는 관계가 되고 말았다.

크리스천들은 인류 역사가 예수 그리스도의 재림과 더불어 종결되며 이후 영원한 하나님 나라의 통치와 지옥에서의 영원한 심판이 있다고 믿는다. 과거와 현재 그리고 미래는 서로 연결되어 있으며 보이는 현상적인 세상만 존재하지 않고 보이지 않는 하나님 나라가 존재한다고 믿는다. 하나님은 초월한 영이시지만 동시에 어디에나 계시며 성도의 마음속에도 내주하신다고 믿는다. 그리고 하나님은 개인적인 삶과 대인관계적인 삶과 모든 삶의 영역에 주인이 되시며 모든 것을 알고 계시며 보고 계신다고 믿는다. 약자가 불의한 일을 당하는 것을 보면서 시편 기자가 하나님께 부르짖었을 때 하나님은 "귀를 지으신 이가 듣지 아니하시랴 눈을 만드신 이가 보지 아니하시랴"(시 94:9)고 이 사실을 논박하셨다. 하나님은 분명히 '모든 것을 아시는'(omniscient) 분이다.

이와 같이 기독교는 온 세상을 삼위 하나님 중심적으로 해석하는 신앙 체계를 가진 종교다. 사도 바울은 이 진리를 다음과 같이 표현했다: "이는 만물이 주에게서 나오고 주로 말미암고 주에게로 돌아감이라 그에게 영광이 세세에 있을지어다 아멘"(롬 11:36).

모든 것이 다 하나님과 연결되어 있다. 네덜란드의 개혁주의 신학자 아브라함 카이퍼(Abraham Kuyper)는 하나님과 관계없는 영역은 단 1평방인치도 없다고 말함으로써 하나님의 주권성을 탁월하게 표현했다.

과학자들의 연구에 의하면 우주계의 지름을 빛의 속도로 가도 최소한 10만 년이 걸릴 만큼 광활한 우주를 하나님은 창조하셨다. 육신의 눈에 보이지 않는 우주는 이처럼 상상을 초월할 만큼 광대하다. 이 광활한 우주에서 마치 백사장의 모래 알갱이 하나와 같은 실체가 지구다. 그 지구의 한쪽 모퉁이에서 사는 인간이 마치 모든 것을 아는 양 하나님의 존재 여부에 대해 왈가왈부하는 것은 너무나 어리석고 교만한 일이다. 성경은 하나님은 영이며 "오직 그에게만 죽지 아니함이 있고 가까이 가지 못할 빛에 거하시고 어떤 사람도 보지 못하였고 또 볼 수 없는" 분이라고 가르친다(딤전 6:16).

하나님이 없다고 담대하게 말하는 사람은 참으로 어리석다: "어리석은 자는 그의 마음에 이르기를 하나님이 없다 하는도다"(시 14:1). 가시거리가 제한적인 인간의 눈에 보이는 것으로 모든 현상을 이해하며 해석하려는 것 자체가 어리석고 무지의 소치다. 참으로 우물 속에 있는 개구리와 같다.

하나님은 영이시다. 따라서 온 우주는 영적으로 이해해야 제대로 이해할 수 있다. 영적이라는 의미는 보이지 않으며 현실을 초월하는 세계와 창조주가 있다는 것을 말한다.

따라서 나는 대인관계의 걸림돌들을 규명함에 있어서 마지막으로 영적 세계와 연결짓는 작업을 할 것이다. 대인관계에서 핵심적인 영적 걸림돌은 죄다. 이 걸림돌을 제거하고 극복하려면 인간이 하나님과 연결되어야 한다. 당신이 마귀와 연결되어 있는 한 죄라는 걸림돌은 해결되지 못한다. 반복해서 걸려 넘어질 것이다. 그리고 마침내 멸망하게 될 것이다.

당신이 죄와 마귀라는 걸림돌을 극복할 수 있는 유일한 해결책은

예수 그리스도의 십자가 복음에 있다. 대인관계를 회복해야 하는 근
본적인 이유도 십자가 복음에 있다. 수직적으로 하나님과 화해가 일
어난 그리스도인은 수평적으로 이웃을 사랑하고 용서하며 화해하는
삶을 지향해야 하기 때문이다.

걸림돌 1

"죄는 자기 개방의 걸림돌이다"

죄

성경은 인간의 핵심적인 문제가 죄라고 선언한다. 죄는 일차적으로 하나님과 인간 사이의 관계를 단절시킨다. 뿐만 아니라 하나님과 연결되지 않은 채 살아가는 삶 자체가 죄다.

인류를 대표하는 첫 사람 아담이 하나님의 명령을 어김으로써 온 인류는 예외 없이 하나님 앞에서 죄인이 되었다. 아담의 죄로 인하여 인간은 스스로 거룩하신 하나님과 관계를 맺을 수 없는 존재로 전락했다.

하나님과의 관계 단절은 수평적인 대인관계에도 궁극적인 의미에서 단절과 소외를 가져왔다. 그리고 하나님과의 관계에서만 채울 수 있는 욕구를 눈에 보이는 사람이나 물질과 관계하여 채우고자 하는 갈증과 결핍을 가져왔다.

아담이 하와를 처음 보았을 때 "뼈 중의 뼈, 살 중의 살"이라고 외칠 만큼 그들의 관계는 좋은 대상관계였다. 그들은 벌거벗었지만 서로 수치심을 전혀 느끼지 않았다.

그러나 뱀을 통하여 사탄이 그들을 유혹했을 때 그들은 하나님이 금지한 명령을 어기는 죄를 범했다. 죄를 범하자마자 그들의 관계는 서로 수치심을 느끼는 관계로 전락했다. 자신의 부끄러운 부분을 가리기에 급급했다.

아담과 하와가 무화과 나뭇잎으로 스스로 엮은 치마는 서로에 대한 불안과 수치심을 가려 주는 데 일시적으로 도움이 되는 일종의 방어기제였다. 그러나 그 방어기제로는 그들의 수치심과 핵심적인 죄의 문제를 항구적으로 해결할 수 없었다.

하나님은 그들에게 가죽으로 만든 옷을 입혀 주셨다. 그 옷은 하나님이 그들에게 은총을 베푸셔서 항구적으로 치료하며 회복할 것을 상징하는 옷이었다. 신약의 관점에서 본다면 이 옷은 예수님이 십자가에서 죽으심으로 그의 살과 피로 나와 당신에게 입혀 주신 은혜의 옷을 표상한다.

죄는 이기성을 가져왔다. 선악과를 먹은 행동에 대해서 하나님이 물으셨을 때 아담은 하와를 탓하는 행동을 했다. 자기중심적으로 변했기 때문이다. 그는 자신의 책임을 아내에게 전가했다.

아담과 하와의 죄의 역동성은 그들의 아들들인 가인과 아벨에게서 곧 드러났다. 죄의 씨가 뿌려졌을 때 살인이라는 열매가 맺힌 것이다. 가인이 동생 아벨을 시기하여 죽인 것이다. 심지어 그는 동생을 죽인 행동에 대해 전혀 양심의 가책을 느끼지 않았다. 살인죄를 지은 가인이 겪은 증상은 오히려 대인관계에서의 두려움과 공포였다. 그는 어리석게도 하나님의 심판에 대한 두려움보다 자신의 생명을 위협하는 자들에 대한 두려움에 집착했다.

가인은 예수님의 말씀처럼 "몸은 죽여도 영혼은 능히 죽이지 못하는 자들을 두려워하지 말고 오직 몸과 영혼을 능히 지옥에 멸하실 수 있는 이를 두려워"(마 10:28) 해야 했다. 그러나 그는 하나님을 두려워할 줄 몰랐다. 반면 사람들만 두려워했다. 그리고 자신의 두려움에만 집착했다. 동생을 죽인 행동에 대한 죄책감이나 슬픔이 전혀 그의 말에서 드러나지 않을 만큼 그는 사이코패스적이었다.

하나님은 피를 흘린 가인을 바로 처벌하지 않으셨다. 오히려 그에게 표식을 주셔서 아무도 그를 죽이지 못하도록 하는 은혜를 베푸셨다. 그럼에도 불구하고 그가 여전히 두려움과 씨름했음을 '성'(wall)을 쌓은 그의 행동에서 찾아볼 수 있다. 성을 쌓은 행동은 사람들로부터 자신을 보호하고자 하는 그의 안전 욕구를 잘 보여 준다. 그가 쌓은 성은 아담과 하와가 만든 무화과 나뭇잎 치마와 같은 것이었다. 그러나 성 쌓기는 그의 두려움을 근본적으로 치료하는 해결책이 되지 못했다. 그의 후손들의 삶이 이 사실을 반증한다.

아담과 가인의 행동에서 살펴볼 수 있듯이 죄는 하나님과 인간의 관계를 단절시킨다. 그리고 대인관계에서 무화과 나뭇잎을 엮어 치마를 만들거나 성을 쌓는 것과 같은 방어기제를 반복적으로 사용하게 한다. 합리화, 투사, 억압, 부인 등과 같은 방어기제를 자주 사용하면 대인관계는 성장하지 못한다. 오히려 퇴보한다. 대인관계에서 자주 거리감과 고독감을 느끼게 된다. 자신만의 세계에 갇히게 된다. 심하면 정신병까지 생긴다.

성경은 "의인은 없나니 하나도 없다"고 선언한다. 아담의 후손인 모든 인간은 아담 안에서 본성적으로 죄인이다. 그리고 하나님 없이 살아가는 삶 자체가 죄다. 인식 여부와 상관 없이 모든 인간은 죄인이다. 무의식의 관점에서 보면 참으로 의롭게 보이는 사람조차 죄가 역동적으로 역사하는 죄인이다.

뿐만 아니라 인간은 환경적으로 죄성이 있는 세상에 살고 있다. 마치 오염된 공기를 매일 마시며 살아가듯이 죄의 영향을 받으며 살고 있다. 그리고 적극적으로 죄를 짓기도 한다. 대인관계에서는 상처를 주고받으며 살고 있다.

죄는 관계에 틈을 만든다. 틈이 생기면 관계는 점점 더 소원해진다. 겉으로는 관계를 유지하지만 속으로는 관계에서 친밀감을 느끼지 못한다.

솔로몬은 그가 사랑한 여인과의 관계를 노래하면서 "우리를 위하여 여우 곧 포도원을 허는 작은 여우를 잡으라 우리의 포도원에 꽃이 피었음이라"(아 2:15)고 표현했다. 결혼관계에서 부부의 친밀감을 지켜 주는 포도원의 담을 몰래 허무는 작은 여우들은 죄를 상징한다. 배우 자에게 죄를 지으면 관계는 취약해진다.

거짓과 죄가 틈을 탄 관계는 친밀할 수 없다. 친밀감은 진실과 신뢰 의 바탕 위에 생기는 것이기 때문이다.

죄는 대인관계에서 자신의 '연약함'(vulnerability)을 드러내지 못하 게 한다. 오히려 죄책감과 수치심으로 인해 연약함을 숨기게 만든다.

죄가 틈을 타면 관계는 취약해진다. 거짓과 방어로 이루어진 관계 는 모래 위에 세운 집과 같이 취약하다. 거짓은 언제든지 드러날 수 있 다. 거짓이 드러나면 관계는 한순간에 무너질 수 있다. 반면 진실과 용 기와 모험은 관계를 응집력 있게 만든다.

당신이 맺고 있는 관계를 점검해 보라. 관계가 진전이 없거나 오히 려 소원하다면 당신에게 혹은 상대방에게 죄가 개입되어 있지 않은지 살펴보라.

하나님과의 관계에서 소원하다면 인식하지 못하고 있는 죄가 있는 지 점검해 보라. 은밀한 죄가 하나님과의 관계에 영향을 끼칠 수 있기 때문이다.

다윗 시대에 3년간 기근이 있었다. 다윗은 하나님께 기도했다. 그 때 하나님은 다윗과 그의 백성이 생각지도 못한 죄가 있었음을 깨닫 게 하셨다. 하나님은 그에게 "이는 사울과 피를 흘린 그의 집으로 말미 암음이니 그가 기브온 사람을 죽였음이니라"(삼하 21:1)고 알려 주셨다. 다윗은 기브온 사람들을 불러서 "내가 너희를 위하여 어떻게 하랴 내가 어떻게 속죄하여야 너희가 여호와의 기업을 위하여 복을 빌겠느냐"(삼하 21:3)고 물었다. 그리고 다윗은 그들의 요구에 따라 사울 왕의 자손 일곱 명을 기브온 사람들에게 넘겨주어 사울의 고향 기브아에서 목 매달아 죽이도록 했다. 하나님은 그 후에야 그 땅을 위한 기도를 들으셨다(삼하 21:14). 미처 인식하지 못했던 사울의 죄로 말미암아 다윗과 그의 백성이 3년 동안 기근을 겪었던 것이다.

여기서 주의할 점은 인간관계에서 겪는 어려움과 고통이 모두 죄 때문에 온 것이라고 쉽게 단정해서는 안 된다는 사실이다. 모든 고난은 아담의 원죄 사건 이후에 생긴 것이 사실이다. 그러나 개인의 고통과 고난을 이해할 때 원죄라는 너무 큰 범주로 진단하는 것은 실제적으로는 유용성이 떨어진다. 모든 상황을 다 원죄로 돌리면 범위가 너무 넓어서 진단의 정확성이 매우 떨어지기 때문이다. 오히려 구체적인 원인과 결과의 관계를 규명하는 것이 어려운 경우가 많다. 그리고 개인이 겪는 고난의 궁극적인 원인에 대해서 성경이 침묵한다는 점도 고려해야 한다. 따라서 죄 때문에 고난을 당하는 것이니 회개해야 한다고 말하는 것은 참으로 조심해야 한다.

욥의 경우, 열 자녀가 일시에 죽은 것이 그의 죄로 말미암은 것이 아니었다. 욥의 친구들은 죄의 패러다임에서 그 원인을 밝히려 했기 때문에 욥에게 위로는커녕 고통만 안겨 주었다.

제자들이 태어날 때부터 맹인이 된 한 걸인을 보고 예수님께 질문

했다: "이 사람이 맹인으로 난 것이 누구의 죄로 인함이니이까 자기니이까 그의 부모니이까"(요 9:2). 그때 예수님은 "이 사람이나 그 부모의 죄로 인한 것이 아니라 그에게서 하나님이 하시는 일을 나타내고자 하심이라"(요 9:3)고 죄의 패러다임과 전혀 다른 패러다임에서 대답하셨다.

요셉의 경우, 형들의 시기를 받아 애굽에 종으로 팔린 신세가 되었던 것은 그의 죄 때문이 아니었다. 성경은 그런 뉘앙스를 전혀 드러내지 않는다. 오히려 하나님의 섭리적인 계획이 이루어지는 과정에서 형들의 상처와 죄가 합작해서 동생을 팔았음을 성경은 설명하고 있다. 형들은 분명히 살인에 준하는 죄를 범했다. 그리고 요셉은 억울하게 배신을 당했다. 그러나 그 모든 과정이 합력해서 선을 이루도록 하나님은 자신의 큰 뜻과 계획을 이루셨다. 요셉은 형들을 용서하면서 이 관점을 다음과 같이 잘 표현했다: "당신들이 나를 이곳에 팔았다고 해서 근심하지 마소서 한탄하지 마소서 하나님이 생명을 구원하시려고 나를 당신들보다 먼저 보내셨나이다"(창 45:5).

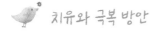 치유와 극복 방안

1) 예수 그리스도의 십자가 복음이 죄의 유일한 해결책이라는 사실을 고백한다.

성경은 죄의 결과는 사망이라고 선언한다. 죄는 삶의 전 영역에 영향을 끼친다.

죄는 인간관계에도 영향을 미친다. 죄는 항상 파괴적이다. 따라서 죄가 개입되는 인간관계는 파괴적이며 파멸적이다. 죄는 관계를 소원하게 만든다. 서로 소외감과 유기감을 갖게 한다. 죄가 관계에 주요한 걸림돌이다. 용서와 화해가 일어나지 않으면 관계에 점점 더 높은 벽이 생긴다.

죄 없으신 예수 그리스도는 십자가에서 죽으심으로써 하나님과 인간 사이의 관계를 단번에 그리고 영원히 회복하셨다. 용서와 화해의 길을 여셨다.

십자가에 달리실 때 예루살렘 성전 지성소의 휘장이 위에서부터 아래로 찢어진 것은 하나님과 인간 사이의 관계 회복을 상징하는 것이었다. 위에서부터 찢어진 것은 하나님이 관계의 회복을 시작하신 것을 상징한다. 인간 스스로 회복의 길을 열 수 없기 때문이다.

죄는 근본적으로 하나님과의 관계에서 다루어져야 한다. 어떤 방법으로도 죄의 문제를 해결할 수 없다. 죄의 해결책은 하나님의 사랑으로 베푸신 예수 그리스도의 십자가 죽음이 당신의 죄를 해결하는 유일한 길임을 믿음으로 받아들이는 데 있다. 성령 하나님이 당신의 영혼이 거듭나도록 역사하셔야 당신이 참으로 죄인임을 인식하고 회개할 수 있다.

더 나아가 예수님의 십자가 복음은 당신의 대인관계에서 용서와 화해를 요청한다. 당신이 죄 용서 받은 자로서 대인관계에서 상대방의 가해와 빚에 대해서 용서하는 것이 하나님의 뜻이기 때문이다. 예수님은 현실적으로 갚을 수 없는 빚을 왕에게 진 신하가 얼마 되지 않은 빚을 진 동료에게 빚 갚으라고 멱살을 잡고 독촉한 비유를 말씀하셨다. 이 비유를 통해 하나님의 자녀는 인간관계에서 어떤 자라도 용서해야 하는 존재라는 사실을 말씀하셨다.

하나님의 뜻은 선하며 온전하다. 용서할 수 없는 사람이 당신의 주변에 있는가? 그렇다면 용서하라. 그러면 용서가 가져다주는 마음의 평안과 기쁨을 당신이 먼저 맛보게 될 것이다.

2) 자신의 죄성과 죄악을 인식하고 인정한다.

죄는 관계에서 무질서와 장애와 오해와 반목을 가져온다. 수치심과 죄책감, 불안과 두려움 그리고 반목과 분쟁을 야기한다. 그러나 서로 자신의 허물과 죄를 인식하고 인정하면 관계가 회복될 수 있다. 인식과 인정은 구원과 치유의 첫걸음이다.

3) 가정폭력은 하나님을 향한 죄라는 사실을 명심한다.

가정폭력은 가족 간의 대인관계가 미성숙하거나 병적일 때 일어나는 한 증상이다. 배우자나 자녀 또는 부모에게 거침없이 욕하거나 신체폭력을 행사하는 이들이 있다. 이들은 심리적으로 미성숙한 자들이다. 아울러 영적으로 그들의 행동은 마귀가 기뻐하는 행동이다.

아이는 자신의 공격성을 조절할 수 있는 자아의 능력이 충분히 발달되어 있지 않다. 따라서 아이는 상대방에게 욕하거나 때리는 행동을 할 수도 있다. 특히 자폐증이 있는 아동의 경우 화가 날 때 엄마의 팔을 순간적으로 물거나 따귀를 때리는 행동을 할 수도 있다. 공격성을 조절할 수 있는 능력이 매우 약하기 때문이다.

그러나 어른이 언어폭력이나 신체폭력을 통하여 감정을 표현하는 것은 매우 안타깝고 부끄러운 행동이다. 문제는 이와 같은 사람들의 대부분은 자신의 행동에 대해서 수치심이나 죄책감을 갖지 않는다는 사실에 있다. 뿐만 아니라 상대방이 느끼는 수치심과 두려움, 그리고 불안과 분노를 공감할 줄 모른다. 마치 치매를 앓는 환자처럼 자신의 폭력적인 행동에 대해서 기억하거나 반성하지 않는다. 그래서 폭력을 반복한다.

마귀는 사람이 야생동물처럼 폭력적이 되는 것을 기뻐한다. 하나님의 형상으로 지음 받은 사람의 정신세계를 파괴하는 것을 기뻐한다.

교인들 중에도 가정폭력을 하는 이들이 적지 않다는 사실은 부끄러운 일이다. 언어폭행, 신체폭행, 성폭행 등과 같은 폭력은 모두 하나님의 형상으로 지음 받은 한 인간을 상해하는 죄다. 심지어 살인에 준하는 죄다. 폭력은 제6계명 "살인하지 말라"는 계명을 어기는 두려운 죄라는 사실을 자각해야 한다. 예수님은 6계명에 대해 언급하면서 "나는 너희에게 이르노니 형제에게 노하는 자마다 심판을 받게 되고 형제를 대하여 라가[히브리인의 욕설]라 하는 자는 공회에 잡혀가게 되고 미련한 놈이라 하는 자는 지옥 불에 들어가게 되리라"(마 5:22)고 엄중하게 말씀하셨다.

혹시라도 당신이 폭력의 가해자였던 적이 있는가? 특히 가족에게 언어폭력, 신체폭력, 정서폭력, 성폭력 또는 영적 폭력을 행사한 적이 있는가? 있다면 용서를 구하라. 생각나면 용서를 구하는 것이 말씀에 순종하는 길이다. 피해자의 상처를 치유하는 데 도움을 주는 길이다. 혹시라도 지금도 폭력을 행사하는가? 당장 하나님 앞에 회개하고 악습을 끊어야 한다.

예수님은 지극히 작은 자에게 한 작은 선행이 곧 자기에게 한 것이라고 말씀하셨다(마 25:40). 배고픈 자, 목마른 자, 병든 자, 옥에 갇힌 자에게 베푼 사랑의 행위를 주님은 자신에게 한 것으로 간주하신다. 이 말씀은 지극히 작은 자에게 한 악행은 곧 예수님에게 한 악행이라는 가르침을 내포한다. 교회를 핍박하던 사울을 찾아오신 예수님은 "사울아 사울아 네가 어찌하여 나를 핍박하느냐"(행 9:4)라고 말씀하셨다.

하나님은 하나님의 자녀에게 가하는 폭력을 하나님 자신에게 한 것으로 간주하신다. 이 사실을 명심해야 한다. 하나님을 두려워해야 악습을 끊을 수 있다, 안타깝게도 현실은 그렇지 못하다. 폭행이 성격화되어 상습적으로 폭행을 의사소통 삼는 이들이 적지 않다.

상습적인 폭행에 시달리는 가족에게 죽음이 폭행의 공포로부터 자유롭게 하는 치유 사건이 될 수도 있다는 것은 역설적이다. 가해자가 죽거나 피해자가 죽으면 악순환적인 폭력이 끝나기 때문이다. 욥이 표현한 죽음의 의미가 이들에게 적용될 수 있겠다: "거기서는 악한 자가 소요를 그치며 거기서는 피곤한 자가 쉼을 얻으며 거기서는 갇힌 자가 다 함께 평안히 있어 감독자의 호통 소리를 듣지 아니하며"(욥 3:17-18).

가정폭력 피해자의 자살률이 높은 것은 놀라운 일이 아니다. 때로는 가해자를 살해하는 일까지 벌어진다. 안타까운 일이다.

가정폭력 피해자들은 이러지도 저러지도 못하는 이중 구속적인 환경에서 살아가는 자들이다. 죽어서야 자유롭게 되는 일이 발생하지 않도록 피해자들에 대한 민감한 관심과 돌봄을 사회와 교회가 제공해야 할 것이다.

4) 용서를 구하고 용서한다.

삶의 과정에서 당신이 의도적으로 또는 의도하지 않게 가해자가 되었다는 사실을 자각한다면 피해자에게 용서를 구하는 것이 성경적이다. 예수님은 "예물을 제단에 드리려다가 거기서 네 형제에게 원망 들을 만한 일이 있는 것이 생각나거든 예물을 제단 앞에 두고 먼저 가서 형제와 화목하고 그 후에 와서 예물을 드리라"(마 5:23-24)고 가르치셨다. 생각나고 자각이 될 때 용기를 내어 용서를 구하는 것이 피해자의 상처를 공감하며 치유하는 데 조금이라도 도움을 주는 길이다. 아울러 당신에게도 힐링을 가져오는 길이다.

하지만 용서를 구했을 때 상대방이 용서할 준비가 되어 있지 않다면 기다려야 한다. 상대방이 용서할 마음이 아직 아니라면 그것은 상대방이 해결해야 할 몫이다.

그러나 당신이 가해자임을 자각했음에도 불구하고 용서를 구하지 않는다면 그것은 하나님 앞에서 죄다. 당신이 피해자에게 진심으로 사과하며 "I am sorry"라고 말할 수 있는 용기 있는 사람이 되길 바란다. 당신이 부모로서 자녀에게 잘못한 것이 있다면 "미안하구나. 몰라서 그랬다. 용서해 주면 좋겠다"라고 용서를 구하는 것이 자녀에게 큰 선물이 될 것이다.

10여 년 전 어버이 주일에 있었던 일이다. 아버지가 친구 목사님이 자신의 아들에게 체벌했던 경험을 설교하는 것을 들으면서 나의 유년 시절에 아버지가 나에게 가하셨던 체벌을 기억에서 떠올리셨다. 아버지는 그 주일 오후에 눈물을 흘리며 내게 용서를 구하셨다. 나는 이미 오래전에 아버지를 용서한 상태였다. 아버지의 용기에 오히려 내가 미안하고 죄송했다. 이미 해결된 과제였지만 아버지의 태도에 감사했다. 사실 잘못을 훈육하는 과정에서 과도하게 처벌했던 그 사건은 성장기의 나와 아버지의 관계에서 큰 걸림돌이었다. 그 사건은 아버지가 나를 버릴 수도 있다는 트라우마가 되었던 것이다.

나는 지금까지 아버지를 '아빠'라고 불러 본 적이 없다. 아버지라는 표현이 오히려 자연스럽다. 아빠라고 부르지 못해 아쉬운 마음도 없다. 아무튼 그 후로 아버지와 나 사이에 여전히 남아 있던 거리감이 점차로 사라졌다. 몇 해 전부터 아버지는 나를 만나면 안으신다. 나도 먼저 안아 드릴 정도로 아버지와의 관계가 편해졌다. 아버지와 나 사이를 가로막고 있던 큰 걸림돌이 제거된 것이다. 감사할 따름이다.

기독교 복음의 핵심은 하나님이 죄인을 사랑하셔서 죄 용서의 길을 예수 그리스도 안에서 열어 주셨다는 것이다. 하나님께 죄를 고백하면 그는 미쁘시고 의로우사 용서하신다(요일 1:9 참조). 일곱 번을 일흔 번까지라도 용서하신다(마 18:22 참조).

그리스도인은 이 용서를 이미 받은 자다. 따라서 당신의 인간관계에서 혹시 가해자로 기억되는 사람이 있다면 어떤 경우에도 그를 용서하라. 용서의 방법과 과정은 경우에 따라 다를 수 있다. 그러나 용서하라는 가르침에 순종하는 것이 당신이 사는 길이다. 어렵더라도 일곱 번을 일흔 번까지라도 용서하라는 예수님의 가르침에 순종하는 것이 당신에게 분명히 유익하다. 현재에도 유익하며 장래에도 유익하다. 죽음의 순간이 갑자기 왔을 때 회한이 들지 않을 것이다.

직접 용서한다고 말할 필요가 없을 때가 있다. 용서는 당신의 마음에서 일어나는 것이다. 직접 표현하지 않아도 용서하면 상대방은 느낄 것이다.

용서에 대한 예수님의 가르침은 순종하기가 현실적으로 불가능한 것처럼 여겨질 수 있다. 왜냐하면 무한정으로 용서하라는 가르침이기 때문이다.

가해자를 일곱 번만이라도 용서해 보자. 자신을 실망시키며 상처를 준 사람이 또 실망시키며 상처를 주더라도 일단 일곱 번만 용서해 보자. 이렇게 용서하는 자들이 늘어난다면 세상은 놀랍게 달라질 것이다. 세상은 '삼세 번'이라고 말하지만 삼세 번도 용서하지 않는 사람들이 너무 많다. 앞지르기를 했다고 화가 나서 상대방 차를 방해하는 운전을 하는 자들이 있다. 심지어 고속도로에서 상대방 차 앞에서 급정거해 생명을 위협하는 이들도 있다. 이런 세상에서 하나님의 놀라운 용서를 경험한 당신이 가해자라고 여겨지는 자들을 간과하며 용서한다면 당신은 세상에서 소금과 빛이다.

최근의 용서심리학은 용서의 효용성에 초점을 맞춘다. 용서가 일차적으로 용서하는 사람에게 유익하다는 연구 결과를 얻었기 때문이다. 이기적인 유익을 위해서라도 용서하는 것은 좋은 일이라는 것이다.

용서는 상대방에게 은혜를 베푸는 것이다. 당신이 받은 은혜를 나누는 일이다. 아울러 당신도 그 은혜를 누리는 길이다.

용서심리학의 연구 결과를 상처 준 사람과의 관계에 적용하는 일반적인 지혜와 심리적 능력도 당신에게 필요하다. 성경은 "인자한 자는 자기의 영혼을 이롭게 하고 잔인한 자는 자기의 몸을 해롭게 하느니라"(잠 11:17)라며 용서심리학의 결과를 지지한다. 이 본문에서 인자한 자는 너그럽게 대하는 자다. 용서하는 자다.

당신이 마음을 넓혀서 용서한다면 당신에게 일차적으로 유익하다는 사실을 경험할 것이다. 혈압이 낮아지고 건강해질 것이다. 그러나 당신이 용서하지 않거나 보복하려고 하거나 한을 오래 품는다면 결국 당신 자신에게 해를 끼치는 결과를 얻게 될 것이다.

5) 상대방의 허물을 덮는다.

하나님 앞에서 모든 인간은 다 허물이 있는 존재다. 사람 앞에서조차 허물이 없는 사람을 찾아보기란 어려운 일이다. 고위 공직자를 임명하는 과정에서 국회청문회가 검증하는 과정을 보면 사람 앞에서도 허물이 없는 사람을 찾기가 참 어렵다는 것을 새삼 깨닫게 된다.

가까이 관계하면 상대방의 허물이 보일 수 있다. 허물을 보일 수 있는 관계라면 신뢰할 수 있는 관계이기도 하다. 아무튼 상대방의 허물이 보일 때 이해하고 덮어 주는 것이 성경적인 관계 방법이다: "허물을 덮어 주는 자는 사랑을 구하는 자요 그것을 거듭 말하는 자는 친한 벗을 이간하는 자니라"(잠 17:9).

이 성경적인 방법을 부부관계에 적용할 수 있다. 부부끼리는 허물이 드러나게 마련이다. 결혼 전에는 보이지 않던 것이 결혼 후 허물이 보여서 실망하는 이들이 적지 않다. 이때 상대방의 허물을 이해하고 덮어 주는 사람은 지혜로운 배우자다. 상대방의 허물을 다른 이들에게 알리거나 계속 허물을 언급하며 상대방을 수치스럽게 만드는 사람은 어리석은 배우자다. 자신의 얼굴에 침 뱉는 배우자다. 사랑은 "악한 것을 생각하지 아니하는"(keeps no record of wrongs) 것이다(고전 13:5). 상대방의 허물을 기록하거나 기억하지 않는 것이 사랑이다.

6) 원수까지 사랑한다.

예수님은 산상수훈에서 원수 사랑을 가르치셨다: "또 네 이웃을 사랑하고 네 원수를 미워하라 하였다는 것을 너희가 들었으나 나는 너희에게 이르노니 너희 원수를 사랑하며 너희를 박해하는 자를 위하여 기도하라"(마 5:43-44); "너희가 너희를 사랑하는 자를 사랑하면 무슨 상이 있으리요 세리도 이같이 아니하느냐"(마 5:46). 예수님은 십자가에서 이 원수 사랑의 모범을 보여 주셨다. 자신을 십자가에 못 박으며 침 뱉고 욕하고 희롱하는 무리와 군인들을 향하여 용서를 구하신 것이다: "아버지 저들을 사하여 주옵소서 자기들이 하는 것을 알지 못함이니이다"(눅 23:34).

스데반 집사도 돌에 맞아 순교하면서 "주여 이 죄를 그들에게 돌리지 마옵소서"(행 7:60)라고 기도했다. 그는 예수님을 따라 원수 사랑의 모범이 되었다. 한국에도 예수님의 가르침을 따라 원수 사랑의 모범이 된 분이 있다. 바로 손양원 목사다. 손양원 목사는 여순반란 사건 때 자신의 두 아들, 동인과 동신을 처형하는 데 앞장섰던 안재선을 용서했다. 더욱 놀라운 것은 그를 자신의 양아들로 삼았다는 사실이다.

원수를 적극적으로 사랑한 것이다. 이런 사랑은 불가능하게 보이며 어리석은 것처럼 보인다. 그러나 그는 원수를 사랑하라는 예수님의 가르침에 순종했고 '사랑의 원자탄'이 되었다.

바울은 원수 사랑에 대해서 다음과 같이 가르쳤다: "너희를 박해하는 자를 축복하라 축복하고 저주하지 말라"(롬 12:14). 이것은 원수가 잘되기를 바라는 단계의 용서다. 이 단계의 용서는 상당히 진전된 것이다. 바울은 "아무에게도 악을 악으로 갚지 말고 모든 사람 앞에서 선한 일을 도모하라"(롬 12:17)고 권면했다. 보복하지 않는 것이 원수 사랑의 중요한 요소임을 알 수 있다. 바울은 원수 사랑을 하나님과의 맥락에서 제안했다: "너희가 친히 원수를 갚지 말고 하나님의 진노하심에 맡기라"(롬 12:19).

하나님이 원수에 대해 진노하셔서 선악 간에 심판하실 것임을 믿고 '내려놓음' 또는 '떠나보냄'의 용서를 하는 것도 원수 사랑의 한 요소라는 것이다. 이어서 바울은 원수 사랑의 구체적인 예를 제시했다: "네 원수가 주리거든 먹이고 목마르거든 마시게 하라 그리함으로 네가 숯불을 그 머리에 쌓아 놓으리라"(롬 12:20).

이 말씀은 잠언의 "네 원수가 배고파하거든 음식을 먹이고 목말라하거든 물을 마시게 하라 그리 하는 것은 핀 숯을 그의 머리에 놓는 것과 일반이요 여호와께서 네게 갚아 주시리라"(잠 25:21-22)는 말씀을 인용한 것이다. 원수 사랑은 불가능한 것이 아니다. 원수가 어려운 처지에 놓였을 때 공감하며 구체적으로 돕는 것이 성경적인 원수 사랑이기 때문이다. 구약의 율법은 원수 사랑의 구체적인 예를 제시한다: "네가 만일 네 원수의 길 잃은 소나 나귀를 보거든 반드시 그 사람에 게로 돌릴지며 네가 만일 너를 미워하는 자의 나귀가 짐을 싣고 엎드 러짐을 보거든 그것을 버려두지 말고 그것을 도와 그 짐을 부릴지니 라"(출 23:4-5).

보통 원수는 한때 가까웠던 사람인 경우가 많다. 가족이나 친척, 또 는 친구가 원수가 될 때가 많다. 가깝지 않던 사람이 원수가 되는 경우 는 드물다.

다윗의 경우도 원수는 가장 가까운 사람이었다. 장인이 된 사울이 다윗을 원수처럼 대했다. 또 가장 가까웠던 모사 아히도벨이 다윗의 아들 압살롬이 모반을 꾀했을 때 다윗을 배반하고 압살롬의 세력에 가담했다. 다윗은 아히도벨이 배신한 때의 심정을 "내가 신뢰하여 내 떡을 나눠 먹던 나의 가까운 친구도 나를 대적하여 그의 발꿈치를 들 었나이다"(시 41:9)라고 토로했다.

예수님도 열두 제자 중 하나인 가룟 유다에게 배신을 당하셨다. 하 지만 예수님은 가룟 유다를 원수로 대하지 않으셨다. 마지막 유월절 식사 자리에서 예수님은 그에게 떡과 잔을 나누어 주었을 뿐 아니라 그의 발도 씻겨 주셨다. 그리고 "그 사람은 차라리 태어나지 아니하였 더라면 제게 좋을 뻔하였느니라"(마 26:24)고 유다를 향한 안타까움 을 표현하셨다. "랍비여 안녕하시옵니까"(마 26:49) 하며 거짓으로 입 맞추는 그에게 예수님은 "친구여 네가 무엇을 하려고 왔는지 행하라"

(마 26:50)고 담담하게 배신한 제자를 '친구'라고 부르셨다.

당신의 삶에 원수로 여겨지는 사람이 있는가? 그렇다면 그 원수가 한때 좋았던 대상이자 가까웠던 사람이라는 사실을 기억하라. 과거 그와 함께한 좋은 경험을 원수가 된 현재의 경험과 연결해서 이해하면 용서하기가 수월해진다. 원수가 100퍼센트 나쁜 대상이 아니라 한때 좋았던 경험이 있는 대상이라는 점을 동시에 볼 수 있다면 용서하면서 심리적으로 더 성숙해질 것이다. 용서하면 분노가 줄어들고 상대적으로 긍휼한 마음이 커진다.

당신에게 원수 관계조차 '하나님의 섭리'라는 메타내러티브(대서술)를 통해 해석할 수 있는 신앙적인 눈이 있다면 어떤 관계나 환경에서도 좌절하거나 실망하지 않을 것이다. 원수를 허용하시는 하나님의 큰 뜻을 바라보면 원수를 새로운 눈으로 대할 수 있기 때문이다. 당신의 앞길을 막는 원수가 걸림돌이 아니라 디딤돌이 될 수 있음을 믿으라. 왜냐하면 하나님은 원수를 통해서도 합력하여 선을 이루시는 분이기 때문이다. 오늘의 원수가 내일의 은인이 될 수도 있다.

당신의 앞길을 막는 원수가

걸림돌이 아니라 디딤돌이

될 수 있음을 믿으라.

걸림돌 2

"마귀가 개입하면 용서와 화해는 없다"

마귀

세상 사람들은 성경이 말하는 마귀의 존재와 역사를 인식하지 못한다. 귀신을 보았다든지 귀신에 대해서 불필요하게 두려워하는 사람들은 있지만 한때 하나님의 천사장이던 마귀의 실체를 알지 못한다. 대부분의 현대인들이 과학과 자연주의적인 세계관의 영향으로 초자연적인 영역에 대해서 관심이 없기 때문이다. 그리고 성경을 모르기 때문이다.

마귀는 영적 존재다. 따라서 눈에 보이지 않는다. 그러나 성경은 마귀의 존재와 개입에 대해 분명히 언급하며 경고한다. 마귀는 보이지 않지만 역사와 인간관계에 개입할 수 있다. 내면세계에도 개입할 수 있다.

마귀는 때로 큰 능력과 기적까지 행사할 수 있는 힘과 지혜를 갖고 있다. 그러나 하나님의 주권을 벗어나 자기 마음대로 힘을 행사하지는 못한다.

마귀의 특징 중 하나는 파괴성이다. 마귀는 파괴적인 존재다. 크리스천 정신과 의사인 스콧 펙(Scott Peck)이 잘 지적했듯이 evil이라는 단어를 뒤에서부터 쓰면 live라는 동사가 된다. 이 단어 유희에서 알 수 있듯이 악은 항상 생명을 거스른다. 악이라는 영어 단어 evil에 d를 붙이면 마귀(devil)라는 단어가 된다.

마귀는 예수 그리스도가 십자가로 열어 놓은 영생의 길로 인간이 가지 못하도록 걸림돌을 놓기를 좋아한다. 그리고 걸림돌을 놓기 위해 다양한 전략을 구사한다. 함정을 파고 그물을 설치해서 영혼을 사냥한다. 마침내 자기가 가는 지옥에 데리고 간다.

인간관계에서 마귀가 개입하면 용서와 화해란 일어날 수 없다. 안타깝게도 적지 않은 교회들이 분쟁으로 고통을 겪고 있다. 분쟁이 해결되지 않고 장기화되면 성도들의 행동이라고 믿기 어려울 정도로 너나할 것 없이 마귀적인 행동을 하게 된다. 서로 공의를 내세우지만 그 속에는 자기중심성과 자기 의가 숨어 있다. 상대방은 모두 악하고 자신은 옳다는 아집이 있다. 자신도 틀릴 수 있다는 사실을 인정하지 못한다. 교회가 장기적인 분쟁에 휩싸이는 것을 하나님이 기뻐하시지 않는다는 사실을 인식하지 못한다. 자신이 하나님의 의를 이루는 도구라고 착각한다. 상대편이 마귀에 영향을 받는다고 생각한다.

설령 선한 의도에서 분쟁을 하더라도 분쟁이 심해지면 먼저 내려놓는 것이 성경적이다. 그러나 분쟁 중에 있는 대부분의 교회들은 서로 끝까지 자신의 뜻을 관철하려고 포기할 줄 모른다. 교회 공동체가 분쟁 과정에서 와해되고 성도들이 상처 입어도 끝까지 고집을 내려놓지 못한다. 이런 교회는 더 이상 용서와 화해의 공동체가 아니다. 반목과 증오와 보복이 있는 '강도의 굴혈'이다. 두려운 일이다. 하나님이 다 보고 계신다. 불신자들에게도 너무 수치스러운 일이다. 손해를 보더라도 서로 먼저 내려놓아야 한다. 그래야 교회답다.

교회 안의 문제 또는 교단 안의 문제를 이유로 법정에 호소하는 사례들이 최근에 많아졌다. 다 나름대로 이유가 있다. "이유 없는 무덤이 없다"는 말이 있듯이 다 이유가 있다. 문제는 대부분의 사례에서 성경의 가르침에 순종하는 경우는 별로 없다는 점이다. 자신의 생각이 옳다고 여기기 때문이다. 사실은 자신의 죄성과 이기성과 성격장애 때문이다. 유기적인 몸인 교회의 구성원들끼리 서로 물고 뜯는 것은 교회의 머리 되신 예수님이 기뻐하시는 일이 아니다. 마귀가 좋아하는 일이다.

고린도교회에 소송한 교인들이 있었다. 바울은 그들을 향하여 하나님의 뜻이 무엇인지를 분명하게 가르쳤다: "형제가 형제와 더불어 고발할뿐더러 믿지 아니하는 자들 앞에서 하느냐 너희가 피차 고발함으로 너희 가운데 이미 뚜렷한 허물이 있나니 차라리 불의를 당하는 것이 낫지 아니하며 차라리 속는 것이 낫지 아니하냐 너희는 불의를 행하고 속이는구나 그는 너희 형제로다 불의한 자가 하나님 나라를 유업으로 받지 못할 줄을 알지 못하느냐 미혹을 받지 말라"(고전 6:6-9).

바울은 육체의 증상으로서 "원수 맺는 것과 분쟁과 시기와 분냄과 당 짓는 것과 분열"(갈 5:20)을 지적했다. 교회 안에 갈등이 있을 수 있다. 부족하며 연약한 사람들이 모인 공동체이기 때문이다. 그러나 갈등이 분쟁으로 이어지는 것은 육체적이며 세상적이고 마귀적이다. 바울은 "만일 서로 물고 먹으면 피차 멸망할까 조심하라"(갈 5:15)고 경계했다.

선한 의도로 갈등을 해결하려고 시작했다손 치더라도 분쟁으로 이어지면 브레이크를 밟아야 한다. 계속 달리면 상처를 주고받게 되어 있다. 그러면 감지하지 못하는 사이에 악해진다. 서로 악해진다.

따라서 분쟁으로 이어질 때는 자각해야 한다. 돌이켜야 한다. 내려놓아야 한다. 서로 먼저 회개해야 한다. 장기적인 분쟁에 휘말려 있는 한국 교회는 정신을 차려야 한다. 손에 든 칼을 내려놓아야 한다. "차라리 불의를 당하는 것이 낫다"는 성경의 가르침에 순복해야 한다.

교회 분쟁 과정에서 계속 칼을 들고 상대편을 공격하는 것은 사실상 지체끼리 서로 찌르는 자학 행위다. 심리학에서는 이런 행동을 '자기패배적 행동'(self-defeating behavior)이라고 부른다. 심리적으로 미성숙하고 어리석은 사람들이 하는 행동이다. 영적으로 미성숙하고 바보 같은 행동이다.

몸과 영혼을 지옥불로 멸하시는 하나님을 두려워함으로 칼을 내려 놓아야 한다. 하나님은 손에 피가 가득한 채로 드리는 어떤 예배나 헌금도 받지 않으신다: "너희가 손을 펼 때에 내가 내 눈을 너희에게서 가리고 너희가 많이 기도할지라도 내가 듣지 아니하리니 이는 너희의 손에 피가 가득함이라"(사 1:15).

현실적으로 이런 교회와 교인들이 적지 않다. 교회 건물을 서로 차지하려고 싸우면서 예배한다. 한쪽은 본당에서 다른 한쪽은 교육관에서 모여 예배한다. 그리고 대법원의 판결이 날 때까지 싸운다. 판결이 나도 수용하지 않고 상대편을 끝까지 물고 늘어진다. 불신자보다 더 악하다.

마귀는 '새디스트'다. 가학적이다. 마귀는 또한 상담(심리치료)을 싫어한다. 왜냐하면 상담은 사람들이 건강한 삶을 살도록 도움을 주기 때문이다. 마귀는 특히 믿는 자들이 기독교 상담을 통해 심리적으로나 영적으로 변화되는 것을 원하지 않는다. 상담 과정을 방해하기까지 한다. '저항'(resistance)이라는 상담의 역동성에 마귀가 개입할 때가 있다. 상담을 통하여 크리스천 내담자가 대인관계에서 회복되는 것을 싫어하기 때문이다. 여전히 반목과 질시라는 어두움에 거하기를 원하기 때문이다.

기독교 상담은 그런 사람에게 빛과 통찰을 제공한다. 무의식의 영역에 빛을 비춘다. 죄를 규명한다. 하나님의 말씀이 역동적으로 마음에 역사하도록 마음을 기경한다. 돌밭이나 가시덤불과 같은 마음을 옥토로 만드는 데 도움을 준다.

반면, 마귀는 사이비 심리 치료사다. 거짓말로 행복을 약속한다. 마귀는 에덴에서 아담과 하와에게 하나님이 없는 행복을 거짓으로 약속했다. 광야에서 40일간 금식하신 예수님을 거짓으로 유혹했다. 자신을 경배하면 천하만국과 그 영광을 줄 것이라고 거짓으로 약속했다 (마 4:8-9 참조).

마귀는 죄와 중독에 빠진 사람들에게 항상 잠정적인 기쁨을 약속한다. 죄와 중독은 항상 일시적인 단맛이 있다. 그러나 그 결과는 쓰다. 장기적인 종착점은 파멸이다.

역설적으로 마귀는 일반 상담조차 이용할 만큼 간교하다. 일반 상담을 통해 마음의 평안과 행복을 추구하는 것을 인생 최대 목표로 삼도록 함으로써 핵심 문제인 죄를 비껴가도록 한다. 마귀의 은밀한 전략들 중의 하나는 사람들이 심리치료를 통해 이 세상에서 행복하게 사는 것으로 만족하게끔 하는 것이다. 그래서 영원한 하나님 나라에 대한 갈급함을 느끼지 못하게 하는 것이다. 그리고 영원한 심판에 대해 두려움을 느끼지 못하게 하는 것이다. 따라서 일반 상담조차 구원의 길에 들어서는 데 걸림돌이 될 수 있다. 먹이만 있으면 행복한 돼지는 자신이 곧 도살장으로 끌려갈 신세임을 자각하지 못한다. 당신의 현재 상태는 어떤가?

결혼생활에서 또는 친구관계에서 행복한 나머지 하나님과의 핵심적인 관계에 대한 갈급함이 없다면 그것은 불행이자 저주다. 이 책을 쓴 나의 목표 중 하나는 인간관계에서 겪는 걸림돌을 규명하여 당신이 가능하면 건강한 대인관계를 맺도록 도움을 주는 것이다. 하지만 내가 이 책에서 당신에게 건강한 대인관계가 삶의 핵심이라고 가르친다면 나는 당신을 잘못 인도하는 가이드가 될 것이다. 나의 본의가 아니더라도 마귀의 하수인이 되는 셈이다. 대인관계가 삶의 핵심은 아니다. 하나님과의 관계가 핵심이며 죄의 해결이 핵심이다.

"심령이 가난한 자가 복이 있다"고 말씀하신 예수님은 "천국이 그들의 것이라"고 말씀하셨다(마 5:3). 인간관계에서 마음이 부유한 자는 하나님과의 관계에 대한 영적 갈급함을 전혀 느끼지 못한다. 싼 음식이라도 배부르게 먹고 나면 더 이상 먹고 싶은 욕구가 없는 것과 마찬가지다. 그러나 그 어떤 대인관계도 진정으로 인간의 마음을 부유하게 할 수 없다. 곧 목마름을 느낄 것이다. 만약 부유하게 느낀다면 그것은 착각일 뿐이다.

역으로 만약 당신이 인간관계에서 실패하거나 실망하는 경험을 한다면 그것은 영적으로 의미가 있다. 인간관계의 실패나 실망은 당신을 부르시는 하나님의 역설적인 초대장일 수 있기 때문이다.

마귀는 아담과 하와에게 그들이 하나님 없이도 독립적으로 살 수 있다고 미혹했다. 마귀는 지금도 사람들이 세상적인 재미나 결혼생활 또는 자녀양육으로 만족하며 살도록 미혹한다.

흥행에 성공한 영화 〈설국열차〉의 한 장면이 생각난다. 열차의 일부 객실의 승객들이 마약에 취한 채 '행복감'(euphoria)에 빠져 있는 장면이다. 열차가 조금 더 달리면 끊어진 선로가 기다리고 있는데, 그 객실 승객들 중에는 치명적인 상황을 인식하고 불안과 두려움에 떠는 사람이 아무도 없었다. 이 장면은 하나님과 관계가 없는 상태에서도 이 땅에서 행복하다고 느끼고 살아가는 사람들의 모습과 오버랩된다. 설령 대인관계를 잘한다 해도 하나님 없이 살고 있다면 치명적인 위험을 안고 사는 것이다. 참으로 두려운 일이다. 이것은 마치 불치병에 걸려 있는데도 아무런 증상을 느끼지 못하는 것과 같다. 죽음으로 끝나는 정도가 아니다. 영원한 심판과 영원한 고통이 기다리고 있는 두려운 현실이다.

이 세상에서 인간관계가 좋고 행복한 것이 오히려 치명적인 걸림돌이 될 수 있다는 사실을 자각해야 한다. 하나님에 대한 갈급함이 없다면 문을 두드리고 구해야 한다. 성경 속에서 예수님을 만나야 한다. 영생의 길에 들어서야 한다. 이것은 내일로 미룰 수 있는 사안이 아니다. 영적 잠에서 깨야 한다. 현실의 즐거움과 쾌락에서 돌아서야 한다.

마귀의 또 다른 전략은, 성도가 다른 성도들과 교제하다가 걸림돌에 걸려 넘어져서 하나님과의 관계에서도 실족하도록 하는 것이다. 은밀하게 올무와 그물을 놓고 할 수만 있다면 믿는 자까지 포획하려는 전략이다. 베드로 사도는 "근신하라 깨어라 너희 대적 마귀가 우는 사자같이 두루 다니며 삼킬 자를 찾나니"(벧전 5:8)라고 경고했다.

일부 여성 신학자들 중에는 성장기에 아버지와의 관계가 좋지 못한 탓에 하나님을 아버지라고 부르는 것을 불편해 하거나 적극적으로 반대하는 이들이 있다. 자신이 겪은 아버지에 대한 나쁜 대상 이미지를 하나님과의 관계에 의식적으로 또는 무의식적으로 '전이'하기 때문이다. 자신만 하나님을 아버지라고 부르지 못할 뿐 아니라 다른 성도들에게도 하나님을 아버지라고 부르지 말라고 가르친다. 심지어 하나님의 여성적인 특성을 근거로 해서 '하나님 어머니'라고 부르는 이들도 있다.

이들은 성경을 시대적인 산물로 본다. 그래서 성경이 기록될 당시의 남성 중심적인 문화에서 아버지라고 부른 것을 오늘날도 아버지라고 부르는 것은 시대착오적이라고 주장한다. 똑똑한 것처럼 들리지만 사실상 어리석은 주장이다. 성경 자체의 계시보다 자신의 생각과 경험을 더 의지하는 인본주의적인 주장이다.

신학 작업이라고 해서 다 하나님을 기쁘게 하는 것은 아니다. 마귀는 기만의 아비이며 속임의 앞잡이다. 마귀는 연결짓기와 구별짓기를 반대로 하는 것을 기뻐한다. 신학자라도 자기 삶의 역동성 때문에 마귀에게 속을 수 있다는 사실을 인식해야 한다. 자신의 '역전이' 역동성으로 인해 성도들을 신앙적으로 잘못 가르치면 마귀가 기뻐한다.

물론 육신의 부모와 하나님 간에 공통적인 특성이 있다. 연결짓기 할 수 있는 부분이 있다. 왜냐하면 부모는 하나님을 '표상'(representation)하는 대상이기 때문이다. 그러나 차원과 능력에서 비교할 수 없을 만큼 구별되는 특성들이 많다. 많은 한계점과 약점을 가진 육신의 아버지와 하나님 아버지를 구별해야 할 때 구별하는 것이 지혜롭다. 연결이 되지 않는데 연결하는 것은 어리석다.

인간관계를 이해할 때 눈에 보이는 세계로만 해석하면 부분적이며 따라서 제한적이다. 예수님은 자신의 십자가 고난을 이해하지 못한 채 선의를 담아 자신을 꾸짖는 제자 베드로를 향해 "사탄아 내 뒤로 물러가라 너는 나를 넘어지게 하는 자로다"(You are a stumbling block to me)라고 꾸짖으셨다. 베드로의 말 속에 역사하는 사탄의 궤계를 드러내신 것이다(마 16:23). 예수님은 여기에서 걸림돌이라는 표현을 직접 사용하셨다. 눈에 보이지 않지만 마귀가 베드로를 통하여 걸림돌 역할을 하고 있음을 간파하셨던 것이다. 십자가 고난을 앞둔 유월절 만찬 자리에서 예수님은 베드로가 자신을 세 번이나 부인할 것을 미리 말씀하시면서 "시몬아, 시몬아, 보라 사탄이 너희를 밀 까부르듯 하려고 요구하였으나 그러나 내가 너를 위하여 네 믿음이 떨어지지 않기를 기도하였노니 너는 돌이킨 후에 네 형제를 굳게 하라"(눅 22:31-32)고 사탄의 역사를 언급하셨다.

이처럼 마귀에게 두 번이나 걸려 넘어졌던 베드로는 성도들을 향하여 마귀의 실체에 대해서 경고했다: "근신하라 깨어라 너희 대적 마귀가 우는 사자같이 두루 다니며 삼킬 자를 찾나니 너희는 믿음을 굳건하게 하여 그를 대적하라 이는 세상에 있는 너희 형제들도 동일한 고난을 당하는 줄을 앎이라"(벧전 5:8-9).

마귀의 전략을 알고 대처하면 넘어질 위험성이 줄어든다. 적극적으로 그리스도에 대한 믿음을 굳건하게 하는 것이 마귀의 걸림돌에 넘어지지 않는 성경적인 방법이다.

바울 사도는 사역 현장에 심지어 '거짓 사도'와 '속이는 일꾼'이 있으며 이들은 "자기를 그리스도의 사도로 가장하는 자들"이라고 그 정체를 규명했다. 그리고 이것은 놀라운 일이 아니라고 했다(고후 11:13, 14 참조). 왜냐하면 "사탄도 자기를 광명의 천사로 가장"하기 때문이다. "사탄의 일꾼들도 자기를 의의 일꾼으로 가장하는 것"이 놀라운 것이 아니기 때문이다(고후 11:14, 15 참조).

오늘날도 인간관계를 이용해서 접근하는 이단들이 많다. 전에는 은밀하게 포교하던 이단들이 요즘은 드러내 놓고 포교한다. 나에게도 드러내 놓고 자신의 신분을 밝히며 신앙적인 토론을 하자고 학교 이메일을 통해 글을 보내는 이단들이 있다. 이단들은 항상 그럴듯한 이름을 걸고 대학생들을 미혹한다. 통일, 평화, 문화, 봉사와 같은 이름을 내건다.

신천지라는 이단 공동체에 가입한 사람들의 숫자가 매우 늘었다는 통계가 며칠 전 교계 신문에 보도된 것을 보았다. 안타까운 일이다. 당신이 혹시라도 역기능 가정에서 성장한 성인아이라면 더욱 조심해야 한다. 자존감이 낮고 외로운 사람은 이단의 먹잇감이 되기가 쉽기 때문이다. 가까운 친구와 친척을 통해서 이단이 접근한다는 사실을 깨닫고 경성하는 것이 지혜롭다. 따뜻하게 대해 준다고 따라가거나 참신한 성경 공부를 인도한다고 참석하는 것은 매우 어리석다. 솔로몬이 음녀를 조심하라고 경계한 말씀이 이단을 경계하는 말씀으로도 적

합하다: "근신을 지키며 네 입술로 지식을 지키도록 하라 대저 음녀의 입술은 꿀을 떨어뜨리며 그의 입은 기름보다 미끄러우나 나중은 쑥 같이 쓰고 두 날 가진 칼같이 날카로우며 그의 발은 사지로 내려가며 그의 걸음은 스올로 나아가나니"(잠 5:2-5).

바울 사도는 분노에 대해 언급하면서 사탄의 또 다른 전략을 언급 했다: "분을 내어도 죄를 짓지 말며 해가 지도록 분을 품지 말고 마귀 에게 틈을 주지 말라"(엡 4:26-27). 대인관계에서 분노를 오래 품게 될 때 마귀가 그 억압된 분노를 발판(foothold) 삼아 공격할 수 있음을 지적한 것이다. 에베소서 마지막 부분에서 바울은 "마귀의 간계를 능 히 대적하기 위하여 하나님의 전신 갑주를 입으라"(엡 6:11)고 권면했 다. "우리의 씨름은 혈과 육을 상대하는 것이 아니요 통치자들과 권세 들과 이 어둠의 세상 주관자들과 하늘에 있는 악의 영들을 상대함이 라"(엡 6:12)고 덧붙였다.

베드로와 바울의 가르침에서 알 수 있듯이 당신의 대인관계에 마귀 와 악한 영들이 개입할 수 있다는 사실에 대해서 경각심을 가져야 할 것이다. 노파심에서 말한다면, 마귀와 그의 악한 영들에 대해서 지나 칠 정도로 민감하게 생각하거나, 그들이 가지고 있는 능력 이상의 능 력을 두려워하거나, 모든 인간관계에 마귀가 개입하고 있다고 가르치 거나 믿는 것은 비성경적이다. 성경은 그렇게 가르치지 않는다.

심리적으로 약한 성도들은 자칫 마귀에 대하여 강박적인 생각에 매 일 수 있다. 그렇게 되면 삶에서 자유과 기쁨을 누리지 못한다. 그리스도의 복음은 성도를 죄와 마귀의 권세에서 십자가의 보혈의 능력으로 이미 자유하게 했다. 성도의 죄의 빚은 이미 예수님께서 '단번에 그리고 영원히' 갚으셨다. 마귀는 빚을 갚으라고 위협하며 성도들을 속인다. 그러나 마귀는 하나님의 자녀를 유혹하여 넘어뜨리기도 하지만 하나님의 사랑의 줄에서 끊어 낼 수는 없다. 만약 성도가 마귀에 대하여 과도하게 불안해하며 두려워한다면 그것은 참으로 안타깝고 어리석은 일이다. 성도는 그리스도가 주인이다. 그리스도를 믿는 당신은 그리스도의 종이다.

모든 세계와 우주가 다 하나님의 통치와 주권 아래 있다. 이 성경적인 진리를 믿고 복음의 전신갑주를 입고 말씀의 검을 손에 잡고 성령의 능력으로 살면 마귀는 접근하지 못한다. 야고보 사도는 이 사실을 잘 언급하였다: "그런즉 너희는 하나님께 복종할지어다 마귀를 대적하라 그리하면 너희를 피하리라 하나님을 가까이하라 그리하면 너희를 가까이하시리라"(약 4:7-8). 하나님과 그의 말씀에 순종하며 하나님을 가까이하는 것이 마귀를 대적하는 적극적이며 효과적인 전략이자 방법이다.

마귀는 당신의 내면세계에 있는 취약한 걸림돌이 무엇인지를 잘 알고 있다. 따라서 마귀가 이 이 취약한 걸림돌을 이용하여 당신을 유혹할 것이라는 사실을 자각하면 당신은 덜 넘어질 것이다.

자신의 걸림돌이 무엇인지에 대한 통찰이 없으면 어두움 가운데 행하는 자와 같다. 어두움 속에서 행하면 하나님의 선하시고 온전하시고 기뻐하시는 뜻을 분별하지 못한다. 설령 분별한다 할지라도 그 뜻을 실천하지 못한다.

앞에서 잠시 언급했지만, 오늘날 한국 교회에서 마귀가 대인관계에서 전략적으로 사용하고 있는 핵심 무기는 '일중독'과 '정욕'이다. 많은 목회자들과 성도들이 바쁜 일상에 매여 사느라 실제 친밀하게 맺어야 할 가족관계나 성도의 교제를 피상적으로 하고 있다. 일중독적인 삶을 살고 있다.

일중독적인 목회자나 성도는 하나님과 건강한 관계를 유지할 수 없다. 조용한 시간과 묵상 그리고 기도하는 시간을 편안하게 가질 수 없다. 쉼과 묵상이 오히려 초조감과 불안감을 야기한다.

가족과 성도들과의 관계에서 적절한 수준의 친밀감을 경험하지 못하는 일중독적인 목회자는 내면적인 공허감으로 인해 '일탈'에 점점 취약해진다. 대표적인 일탈은 '성적 비행'이다. 목회자의 성비행은 목회자의 가정을 파괴한다. 그리고 교회 공동체에 치명적인 타격을 입힌다. 한국 교회 전체에 수치심을 야기한다. 더 나아가 하나님의 이름이 더럽혀진다.

사탄은 이 파괴적인 과정과 결과를 기뻐한다. 사역 자체를 우상시하며 성취와 업적을 높게 평가하는 목회자나 교회는 영적 어두움과 우둔함에 있음을 자각해야 한다.

다수의 신학대학원생들이 과도한 스트레스에 노출되어 있다. 상당수는 탈진 지경에 있다. 일선 목회자들은 더하다. 새벽부터 저녁 늦게까지 수고의 떡을 먹으며 정신없이 뛰어다니는 목회자들이 많아지는 것을 마귀는 기뻐한다. 지쳐서 탈진하기를 학수고대하고 있다. 지쳐서 여러 형태의 문제 증상을 노출하기를 기다리고 있다. 정신 차려야 한다.

 치유와 극복 방안

1) 마귀에게 발판을 주지 않는다.

마귀의 전략은 틈을 타서 공격하는 것이다. 빛의 천사처럼 위장하는 것이다. 감언이설로 속이는 것이다.

마귀는 신인관계와 대인관계에서 인간을 '넘어지게 하는 자'다. 마귀는 절대로 인간을 세워 주지 않는다. 넘어진 자를 일으켜 세우는 법이 없다. 각종 탐욕을 자극하여 당신의 눈을 흐리게 하거나 감기게 해서 실족하게 하는 것을 기뻐한다.

특히 대인관계에서 분노를 잘 인식하고 표현해야 한다. 분노를 오래 품으면 무의식화된다. 무의식화된 분노는 마귀가 역동적으로 개입할 수 있는 교두보를 제공할 수 있다.

면역성이 약할 때 병에 걸릴 위험성이 높다. 마찬가지로 마귀는 언제나 취약한 부분을 발판 삼아 공략한다는 사실을 인식해야 한다.

마귀는 당신의 약점을 잘 알고 있다. 불안이 심한 사람에게는 불안으로 공략한다. 쉽게 분노하는 사람에게는 분노를 발판 삼아 공략할 것이다. 그런 점에서 당신의 취약한 부분을 인식하고 점검하는 것이 대인관계에서 마귀에게 공략당하지 않는 효과적인 방법이다. 당신의 마음 성벽에 틈이 나 있는가? 허물어진 곳은 없는가? 지속적으로 점검하고 보수하는 것이 마귀와의 영적 싸움에서 승리하는 지름길이다.

2) 악한 친구와 어울리지 않는다.

조직 폭력배의 일원이 되면 마치 가족의 일원이 되는 것과 같은 느낌을 받는다. 조폭 공동체도 구성원들에게 정체감과 소속감을 느끼게 한다.

이단도 마찬가지다. 이단적인 공동체일수록 처음에는 더 환영하고 가족보다 더 잘 대해 준다. 이것은 유혹적이며 마귀적이다.

이단에 빠지는 대다수의 사람들은 역기능 가정에서 성장한 배경을 갖고 있다. 자존감이 낮고 정체성이 약한 사람들이다. 동반 의존적인 사람들이다. 그래서 누군가 권위 있게 리더십을 발휘하거나 따르는 자들에 대해서 따뜻하게 대해 주면 그 관계에 쉽게 빠진다. 문제는 자신의 생명을 노략하는 이단이라는 사실을 처음에는 자각하지 못한다는 데 있다. 나중에 인식하더라도 쉽게 나오지 못한다. 놓아 주지 않을 뿐 아니라 스스로도 나갈 용기와 자신이 없기 때문이다.

이단으로 이끄는 사람은 악한 친구다. 겉으로는 친절해도 사실상 영혼을 노략하는 이리다. 분별해야 한다.

음녀도 마찬가지다. 술집 여성들은 손님에게 바가지를 긁지 않는다. 손님이 어릴 적 부모에게서 받고 싶었던 칭찬과 인정, 온갖 감언이설을 대신해 준다. 잠언의 표현처럼 꿀이 흐르는 말을 한다. 그러나 이 관계는 치명적이다. 마치 덫에 걸리는 것과 같다. 생명을 위협하는 관계다. 중독적인 관계다. 음녀와 함께 멸망하게 될 관계다.

마귀는 천사처럼 자신을 위장한다. 그러나 사실상 음녀다. 사도 요한은 마귀를 "많은 물 위에 앉은 큰 음녀"라고 상징적으로 표현했다(계 17:1). 이 음녀의 이마에 쓰여진 이름은 "비밀"이며 "큰 바벨론"이며 "땅의 음녀들과 가증한 것들의 어미"다(계 17:5). 역사적으로 바벨론 제국은 매우 강한 대제국이었다. 그러나 성경에서 바벨론은 인본주의의 표상이며 바벨탑의 표상으로 묘사되었다. 바벨론은 교만의 표상이며 마귀의 표상이다.

따뜻하고 공감적인 인간관계가 다 유익한 것은 아니다. 이단들은 공감적인 상담을 미끼로 접근할 때가 많다. 심리검사를 미끼로 접근하는 이단을 분별하지 못해서 미혹된다면 안타까운 일이다.

3) 탐심을 자각한다.

야고보 사도는 탐심은 모든 죄의 근원임을 잘 지적했다: "욕심이 잉태한즉 죄를 낳고 죄가 장성한즉 사망을 낳느니라"(약 1:15). 마귀는 이 탐욕의 역동성을 십분 잘 이용한다. 마귀는 당신으로 하여금 건강한 욕구와 탐욕 사이의 차이점을 구별하지 못하게끔 해서 죄를 짓게 부추길 수 있다.

탐심은 '과정'이다. 따라서 쉽게 인식하기 어렵다. 욕구와 탐심은 종이 한 장 차이다. 눈을 뜨고도 탐심으로 인하여 눈이 멀 수 있다. 위험 지역에 이미 들어서고도 전혀 인식하지 못할 수 있다.

일확천금을 약속하며 탐욕을 부추기는 사람이 있다면 그가 설령 가족이나 친구라 할지라도 관계해서는 안 된다. 탐심을 경계해야 한다. 부추기는 사람 뒤에서 역사하는 마귀를 볼 수 있어야 한다. "사탄아! 뒤로 물러가라"고 담대하게 말할 수 있어야 한다.

성실하게 씨 뿌리고 수확하려는 사람에게는 사기꾼들이 접근하지 않는다. 자족하는 사람에게는 마귀의 전략이 전혀 효력이 없다. 그러나 어리석고 탐욕적인 사람은 눈을 뜨고도 속임을 당한다. 일곱 가지 치명적인 죄들 중에서 탐욕, 정욕, 탐식은 모두 탐심과 연결되어 있다. 일곱 가지 중에서 세 가지가 탐심과 연결되어 있다는 점을 주목해야 한다. 탐심의 결과가 사망과 파멸이라는 점을 명심해야 한다.

Chapter 5

관계의 걸림돌이 반드시 나쁜 것은 아니다

"하나님은 합력하여 선을 이루신다"

세상에서 일어나는 모든 사건과 세상에 존재하는 모든 사람은 하나님과 연결된다. 예수님은 동전 한 닢에 팔리는 참새도 하나님의 뜻이 없으면 땅에 떨어지지 않는다고 말씀하셨다(마 10:29). 하나님은 당신의 머리털 숫자까지 다 아신다고 덧붙이셨다(마 10:30). 하물며 당신의 마음 세계와 대인관계에 대해서는 더 잘 아시지 않겠는가?

　이 책을 마무리하면서 나는 모든 대인관계는 하나님의 섭리 속에서 이루어진다는 사실을 강조하고 싶다. 성경의 세계관으로 볼 때 우연한 관계란 없다. 다 인식하지 못해서 그렇지 모든 관계는 하나님의 뜻과 연결되어 있다. 다 설명할 수 없고 이해할 수 없어서 그렇지 모든 관계는 신적인 의미가 있다. 우리가 살고 있는 땅과 하나님이 거하시는 하늘은 역동적으로 연결되어 있다. 그래서 예수님은 주기도에서

"뜻이 하늘에서 이루어진 것같이 땅에서도 이루어지이다"라고 가르치셨다(마 6:10).

목회상담학자 브리스터(C. W. Brister)는 목회상담을 '섭리적 만남'(providential encounter)이라고 표현했다. 섭리적 만남이라고 해서 그 관계에 걸림돌이나 장애물이 없으라는 법은 없다. 솔로몬은 하나님께서 "온갖 것을 그 쓰임에 적당하게 지으셨나니 악인도 악한 날에 적당하게 하셨느니라"(잠 16:4)라고 악인과의 만남에도 하나님의 섭리가 있음을 잘 지적했다. "온갖 것을 그 쓰임에 적당하게 지으셨나니"라는 이 잠언 본문을 사도 바울은 "그의 뜻대로 부르심을 입은 자들에게는 모든 것이 합력하여 선을 이루느니라"(롬 8:28)라고 표현을 바꾸어 인용했다.

그렇다. 하나님은 악한 자와의 만남을 통해서도 성도의 삶을 유익하게 하신다. 선을 이루신다. 그런 점에서 하나님은 창의적인 예술가다. 따라서 원수가 될 수 있는 사람과의 만남도 결코 우연이 아님을 알아야 한다. 나는 원하지 않았던 원수와의 만남이 시간이 흘러서야 나를 유익하게 한 허용된 만남이었음을 여러 번 체험했다. 어떤 때는 조금만 지나면 원수가 걸림돌이 아니라 디딤돌이 되어 주었음을 깨닫기도 했다. 그때는 그 사람이 정말 고맙게 여겨졌다.

당신 삶의 영역에서도 남모르는 걸림돌들이 있을 것이다. 걸림돌의 실체를 이해하는 것만으로도 당신은 이미 변화를 경험하고 있는 것이다. 타인이 놓는 걸림돌의 정체를 파악할 수만 있어도 관계는 훨씬 유연해질 수 있다.

치유와 변화는 대부분의 경우 자각하기 힘들 만큼 서서히 일어난다. 이 책을 읽는다고 해서 당신의 대인관계에 눈에 띄는 변화가 일어나지는 않을 것이다. 그래도 괜찮다. 하나님 나라의 특성도 눈에 띄지 않게 자라는 데 있다. 시간이 흐르고 나면 변화가 있었음을 분명히 고백하게 될 것이다. 나이가 들면서 자연스럽게 일어나는 변화도 감사할 따름이다. 왜냐하면 나이가 든다고 반드시 긍정적인 변화가 일어나는 것은 아니기 때문이다.

궁극적으로 걸림돌을 제거하고 치료하실 수 있는 분은 성령 하나님이다. 당신의 마음 세계를 창조하시고 마음의 비밀을 잘 아시는 분이기 때문이다. 마음을 기경하시는 성령의 도움이 없이는 인간의 노력으로는 한계가 있다. 특히 성격장애는 치료하고 극복하기가 매우 어려운 걸림돌이다. 불안장애나 성인아이가 공통적으로 씨름하는 걸림돌도 치료하기에 쉬운 걸림돌은 아니다. 그래도 실망하지 말자. 한 발이라도 앞으로 내딛으면 변화가 일어나고 있는 것이다.

걸림돌을 디딤돌로 삼으시는 하나님의 능력과 섭리를 믿고 앞으로 나아가라. 넘어지더라도 다시 일어나면 된다. 일곱 번 넘어져도 여덟 번 일어나면 된다.

바울은 세 번이나 주님께 간구할 만큼 그를 힘들게 했던 육체의 가시가 있었다. 그는 그 가시를 사탄의 사자(a messenger of Satan)라고 표현했다. 그러나 그 가시를 하나님이 주셨다고 고백했다. 세 번에 걸친 간구 후에 바울은 "내 은혜가 네게 족하도다 이는 내 능력이 약한 데서 온전하여짐이라"(고후 12:9)라는 응답을 받았다. 바울을 끝까지 겸손하게 한 것이 바로 그의 가시였다: "이는 나를 쳐서 너무 자만하지 않게 하려 하심이라"(고후 12:7). 하나님은 그 가시를 제거해 주시지 않았지만, 그 가시가 그를 겸손하게 하는 디딤돌이 되게 하셨다.

성격장애 전반에 대한
치유와 극복 방안

1) 상대방을 변화시키려고 하지 말고 당신이 변화하라.

당신이 변화하면 당신과 관계하는 모든 사람이 혜택을 입는다. 당신이 조금이라도 변화하는 것이 상대방을 사랑하는 것이다.

당신이 성장하면 상대방도 변화할 가능성이 있다. 그렇게 되면 변화하는 상대방이 당신에게 혜택을 줄 때가 온다. 이것은 대접 받고자 하는 대로 먼저 대접하라는 예수님의 가르침과 일치한다.

일반적으로 사람들은 상대방이 변화해야 한다고 생각한다. 환경이 변하면 자신이 행복해질 것이라고 생각한다. 이것은 미성숙한 생각이다. 그러나 당신이 변화하는 것은 가능하다. 변화해야 한다.

2) 당신의 내면 상태를 인식하라.

자신을 제대로 인식하기란 매우 어렵다. 자신을 가장 잘 알고 있을 것 같지만 자신에게 눈이 가려진 부분이 많다. 타인이 당신에게 해주는 피드백을 조금씩 받아들이면 당신을 새롭게 인식하는 데 도움이 될 것이다. 남의 눈에 있는 티를 빼려고 하는 대신 자기 눈 속에 있는 들보를 자각하라는 예수님의 가르침은 투사하기 쉬운 우리에게 경종을 울린다.

라오디게아 교회는 왜곡된 자기 인식을 했던 교회다. 성격장애적인 교회였다. 예수님으로부터 "나는 부자라 부요하여 부족한 것이 없다 하나 네 곤고한 것과 가련한 것과 가난한 것과 눈먼 것과 벌거벗은 것을 알지 못하는도다"(계 3:17)라는 진단과 "내가 네 행위를 아노니 네가 차지도 아니하고 뜨겁지도 아니하도다"(계 3:15)라는 진단을 받았다. 그리고 "내가 너를 권하노니 내게서 불로 연단한 금을 사서 부요하게 하고 흰 옷을 사서 입어 벌거벗은 수치를 보이지 않게 하고 안약을 사서 눈에 발라 보게 하라"(계 3:18)는 처방전을 받았다. 그들의 핵심 문제는 자신을 객관적으로 볼 수 있는 '눈'이 열리지 않았다는 데 있었기 때문이다.

자신을 제대로 인식할 때 치료는 시작된다. 구원도 마찬가지다. 자신이 치명적인 죄 상태에 머물러 있는 죄인이라는 사실을 깨닫는 영적인 눈이 열려야 회심이 일어난다.

인간관계에서 문제가 있을 때 상대방에게 문제를 투사하던 태도를 포기해야 한다. 당신의 내면세계에 문제가 있을 수 있다는 전제를 갖고 당신을 탐색하는 것은 치료의 첫걸음이다. 대인관계의 문제가 당신을 좀 더 정확하게 인식하게 되는 기회가 될 수 있다.

역으로 관계의 문제를 지나칠 정도로 당신에게 귀인(歸因, attribution)시키는 것도 균형을 잃은 모습이다. 타인에게 문제가 있을 수 있다는 사실을 수용할 수 있을 때 당신은 과도한 책임감과 신경증적인 죄책감으로부터 자유로울 수 있다.

자기 인식에 도움이 되는 방법 중의 하나는 심리검사다. 심리검사 중에 HTP(Home-Tree-Person)라는 비교적 간단한 심리검사가 있다. 집과 나무 그리고 사람을 그리면 그린 사람의 심리 상태와 정체성, 타인과의 관계, 외부와의 관계가 드러난다. 예를 들면, 집에 창문을 그리지 않는 사람은 외부 세계와 폐쇄적일 가능성이 있다. 굴뚝에서 연기가 나지 않는 그림을 그린다든지 연기 색깔이 너무 검다든지 하는 것도 대인관계에서 문제가 있음을 알려 주는 단서가 된다.

나무를 그릴 때 뿌리를 그리지 않았다면 소속감과 정체성이 약한

것을 드러내는 것일 수 있다. 아울러 타인과의 관계에서 내적인 힘이 약한 것을 보여 주는 것일 수 있다. 나무의 굵기가 빈약한 것도 마찬가지다.

사람을 그릴 때 자신을 지나치게 화려하게 그렸다면 대인관계에서 주목과 관심을

받고 싶은 욕구를 표현한다고 볼 수 있다. 의심에 찬 눈초리를 가진 눈을 그렸다면 외부 세계에 대해서 편집적인 관계를 맺고 있는 상태라고 해석될 수 있다. HTP 외에도 MBTI(성격유형검사), SCT(문장완성검사), MMPI(미네소타 다면적 인성검사)와 같은 심리검사는 당신의 심리적 특성이나 상태를 파악하는 데 유익하다.

3) 자신과 타인의 감정을 알아차리며 적절하게 표현하라.

이것은 대부분의 성격장애들을 치료하고자 할 때 시도할 수 있는 방법이다. 일차적으로 당신이 어떤 감정을 느끼고 있는지를 잘 인식하는 것이 중요하다. 감정을 알아차리지 못하면 감정에 휘둘릴 수 있다. 감정을 유발하는 요인이 무엇인지를 자각하는 것도 중요하다. 더 나아가 인식한 감정을 잘 표현하는 것이 중요하다.

감정을 알아차리지 못하거나 표현을 잘 못하면 대인관계가 어렵다. 성격의 중요한 영역인 대인관계가 안 되면 성격장애가 치료되지 않는 셈이다.

대인관계에서 상대방의 감정을 알아차리고 이해하며 공감하는 것은 매우 중요하다. 감정은 관계에서 윤활유와 같기 때문이다. 상대방의 감정을 공감하지 못하면 관계는 손상되고 마침내 소원하게 된다.

감정은 하나님이 인간에게 주신 은총이다. 하지만 다루기가 '불편한 은총'(uneasy grace)이다. 성격장애가 치료되지 않으면 감정을 성숙하게 다루기가 어렵다.

감정은 종종 '환기'(ventilation)가 필요하다. 환기가 안 된 방 안에 있으면 몸에 좋지 않듯이 환기가 되지 않는 감정도 몸에 좋지 않다. 감정을 계속 억압하면 삶의 에너지가 불필요하게 소모된다. 결과적으로 무기력해지며 우울해진다. 삶의 에너지를 불필요하게 소모하는 것은 어리석다. 삶의 에너지를 잘 관리하는 것은 당신이 선한 청지기로서 감당해야 할 영역이다.

긍정적인 감정이든지 부정적인 감정이든지 좀 더 자유롭게, 좀 더 자신 있게 표현해 보라. 처음부터 잘되지는 않을 것이다. 시행착오를 거치면서 적절하게 표현하는 방법을 배울 수 있을 것이다.

거절에 대한 두려움으로 인하여 당신의 감정을 솔직하게 표현하지 못하는가? 용기를 내어 감정을 표현해 보라. 거절당해도 괜찮다. 수용하지 못하는 상대방의 몫까지 책임지려고 하지 말라. 당신 속에서 역사하시는 성령 하나님을 의지하여 입을 떼라. 표현할 말을 입에 넣어 주실 것이다. 감정을 잘 알아차리고 잘 표현하는 것은 거짓을 멀리하고 진실과 가까워지는 치료와 변화의 지름길이다.

4) 말로 표현하라.

감정은 다양한 방법으로 표현된다. 얼굴 표정에서 감정이 드러난다. 경직된 근육에서 감정이 표현된다. 몸의 자세에서 감정이 표현된다. 핏발이 솟은 피부에서도 감정은 드러난다. 눈빛에서도 감정이 드러난다. 이와 같은 비언어적인 감정 표현을 알아차리는 것이 대인관계에서 유익하다. 상대방이 보여 주는 '큐'(cue)를 민감하게 알아차리면 상대방의 감정을 공감하는 데 도움이 될 것이다.

그러나 상대방을 위해서는 비언어적인 감정 표현보다 언어적인 감정 표현을 하는 것이 성숙한 방법이다. 말로 표현하지 않으면서 상대방이 알아차려 주기를 바라는 것은 어린 아기가 사용하는 방식이다. 아기는 표현할 수 없기 때문에 얼굴 표정이나 울음으로 자신의 감정 상태를 표현한다. 그러나 성장하면 비언어적인 표현과 더불어 언어적인 표현 방식을 사용해야 한다. 언어를 통해 감정을 다양하게 그리고 정확하게 표현할 수 있다.

성격 유형에 따라 감정을 직설적으로 표현하는 이들이 있다. 반면 우회적으로 표현하는 이들이 있다. 서로 장단점이 있다. 에니어그램의 틀에서 본다면 4번 유형인 '예술가'형의 사람들은 감정을 시나 노래나 글로 표현하는 특성을 갖고 있다. 예술로 승화시켜 자신의 감정을 간접적으로 표현하는 것을 좋아하는 이들이다. 직설적으로 표현하는 사람은 간접적으로 표현하는 사람을 이해하고 존중할 필요가 있다. 우회적으로 표현하는 사람은 직설적으로 표현하는 사람을 이해하고 존중할 필요가 있다. 이해하면 오해하지 않는다.

감정 표현은 일종의 의사소통이다. 의사소통이 잘 이루어지지 않는 가정이나 사회 조직이 있다. 그런 시스템에서는 간접적이며 비언어적인 의사소통이 일어날 가능성이 높다. 예를 들면, 수동공격적인 행동으로 의사를 표현하는 경우다. 눈을 마주치지 않는다든지 모임에 참석하지 않는 경우다.

전환장애(conversion disorder)라는 병이 있다. 심리적인 아픔이 신체적인 아픔으로 전환되어 표현되는 장애다. 화병도 일종의 전환장애다. 이를 치료하는 중요한 방법은 그 병이나 통증의 의미에 대해서 언어로 표현할 수 있는 환경을 제공해 주는 것이다. 즉 "임금님 귀는 당나귀 귀"라고 말하고 나면 가슴이 답답하고 열이 치밀어 오르는 증상이 어느새 사라진다. 약을 복용하지 않고서도 일어나는 놀라운 치료다.

특히 부정적인 감정을 말로 표현하지 못하는 이들이 있다. 주먹을 휘두른다든지 밥상을 뒤엎는 행동을 함으로써 자신의 감정을 표현한다. 감정을 주체하지 못하고 언어폭력이나 신체폭력을 하는 이들도 있다. 이들은 심리적으로 매우 미성숙한 사람들이다. 나이가 먹어도 심리적으로는 유아기 또는 유년기에 고착되어 있는 사람들이다.

사도 바울은 "절제하며 신중하며 단정하며… 구타하지 아니하며 오직 관용하며 다투지 아니하며"(딤전 3:2-3)라고 감독의 자질을 구체적으로 지적했다. 성숙한 리더의 자질 중의 하나는 비폭력적인 의사소통을 할 줄 아는 것이다. 그렇게 하려면 심리적으로 성장이 일어나야 한다. 폭력적인 감정 표현을 자신의 기질로 돌리고 합리화하는 것은 이기적이다. 부정적인 감정을 말로 적절하게 표현할 수 있는 능력은 모든 성도가 사모해야 할 은사다.

불안장애 전반에 대한
치유와 극복 방안

1) 불안장애가 의도하는 상징과 의미를 이해하라.

증상이 있을 때 어떤 문제가 있음을 인식하고 진단할 수 있다. 따라서 각종 불안장애의 증상이 의미하는 바가 무엇인지에 관심을 가져야 한다. 불안장애가 오히려 당신에게 유익을 주려고 찾아온 '변장된 은총'일 수 있다. 증상의 상징적인 의미를 해석하고 이해하면 많은 경우에 증상은 그 소임을 다했기 때문에 서서히 사라진다.

정신분석학적으로 이해할 때 불안이라는 현상은 방어기제로서는 감당하기 힘든 내적 갈등과 긴장이 있음을 의미한다. 자신의 내면에 갈등으로 인한 고통이 크다는 것을 알아차리지 못한 채 지나는 사람들에게 불안장애는 의식화시켜 주는 상징이 될 수 있다.

불안으로 인해 대인관계를 회피할 때 이 시기를 긍정적으로 사용할 수도 있다. "곤고한 날에는 되돌아 보아라"(전 7:14)는 성경 말씀처럼 대인관계에 관심을 쏟았던 삶을 일시적으로 철수하고 당신의 내면을 살피며 하나님께 믿음으로 나아갈 수 있는 기회로 삼을 수 있다. 불안의 정도가 커서 그동안 사용해 온 방어기제와 인본주의적인 방법으로는 해결할 수 없을 때가 하나님께 매달릴 수 있는 좋은 기회다.

집을 떠난 지 약 20년 만에 귀향하는 야곱은 쌍둥이 형 에서와의 만남을 앞두고 극도의 두려움에 휩싸여 있었다. 불안한 심정으로 형의 공격에 대비해서 대열을 정비했지만 그 밤에 잠을 제대로 이룰 수 없었다. 홀연히 나타난 낯선 사람과 밤새도록 레슬링 수준의 싸움을 했다. 그가 사용할 수 있는 모든 방법과 반칙을 사용해서 싸웠지만 싸움은 끝이 나지 않았다. 마침내 동이 틀 무렵 그 낯선 사람은 야곱의 환도뼈를 쳤다. 야곱은 위골이 된 상태에서 다리를 절면서도 그를 놓아 주지 않았다. 자신을 축복해 주지 않으면 놓지 않겠다고 매달리던 야곱은 그 낯선 사람이 자신을 찾아온 하나님임을 깨달았다. 그리고 야곱은 "내가 하나님의 얼굴을 보았다" 하면서 그곳 이름을 '브니엘'이라 명명했다. 두려움과 공포의 경험이 그를 찾아온 하나님의 변장된 은총이었음을 그날 에서를 만났을 때 확인할 수 있었다.

에서의 마음이 동생 야곱을 용서하는 마음으로 돌아서게 된 계기는 무엇일까? 성경은 그 이유에 대해 침묵한다. 나는 몇 년 전에 이 본문을 묵상하던 중 다시 이 질문과 씨름한 적이 있다. 야곱이 절뚝거리며 오는 모습을 보고 에서의 마음에 긍휼함이 생긴 게 아닐까 하는 생각이 퍼뜩 들었다. 20년 만에 만나는 원수 같은 동생이 멀리서 절뚝거리며 고통스러운 얼굴로 오는 모습을 보고 형 에서의 마음이 눈 녹듯이 녹지 않았을까? 많은 재물과 종들을 거느렸다지만 육신은 강자가 아닌 약자의 모습으로 나타났을 때, 그리고 그 동생이 자기 앞에 와서 땅에 엎드려 일곱 번이나 절하는 모습을 보았을 때, 죽이고 싶도록 미웠던 동생이 갑자기 측은하게 느껴지지 않았을까? 성경은 "에서가 달려와서 그를 맞이하여 안고 목을 어긋 맞추어 그와 입 맞추고 서로 우니라"(창 33:4)고 에서의 적극적인 화해와 용서의 태도를 부각시킨다. 에서와 야곱을 화해시키는 하나님의 역설적인 방법은 야곱이 하나님과 싸우면서 모든 힘을 빼도록 한 것이다. 그리고 그의 환도뼈까지 위골시켜 약한 자로 만드시는 것이었다.

당신에게 다가오는 불안이나 두려움은 죄의 징계나 저주가 아니라 하나님이 간섭하시는 은총일 수도 있다. 당신이 약할 때 당신을 강하게 하시는 하나님의 은총을 더 경험할 수 있기 때문이다.

우울증도 그렇지만 불안장애는 반드시 약을 먹어서 증상을 약화시키거나 증상을 제거해야 하는 정신적 장애가 아닐 수 있다. 불안과 씨름하면서 신앙적으로 하나님께 더 가까이 가게 되는 하나님의 역설적인 초대장일 수 있다는 사실을 잊지 말기 바란다.

2) 방어기제를 덜 사용하라.

경건의 모양은 있으면서 경건의 능력을 부인하는 이들은 화석화된 신앙생활을 한다. 방어기제를 주로 사용하여 경건한 것처럼 보이는 이들은 생명력이 약하다. 관계에서 감동이나 감화를 줄 수가 없다.

오래전에 L장로와 나눈 대화가 기억난다. 그는 담임목사와 신앙생활을 십 수 년 같이했지만 아직도 담임목사가 어떤 분인지 잘 모르겠다고 자신의 고민을 털어놓았다. 슬픈 이야기다. 십 수 년이 지나도 상대방이 누구인지를 모르게 하는 대인관계를 맺는 목사는 심리치료가 참으로 필요한 사람이다.

3) 불안에 대한 신경증적 대처 방안을 유연성 있게 사용하라.

호나이가 규명한 불안에 대한 신경증적 반응 세 가지를 강박적으로 사용하는 것은 심리적으로 미성숙함을 의미한다. 따라서 상황과 필요에 따라서 이 세 가지 방법을 유연성 있게 사용하면 좀 더 성숙하게 대인관계를 할 수 있다. 왜냐하면 세 가지 신경증적 대처 기제들은 반드시 부정적인 것이 아니기 때문이다. 죄로 깨어진 세상에서 살면서 불완전한 대인관계를 할 때 때로는 순응하고 때로는 공격하고 때로는 거리를 두는 것이 필요할 때가 있기 때문이다.

대인관계에서 생기는 불안에 대처할 때 어느 한 가지 방식만을 사용하면 방어기제가 굳어져서 나중에는 그 틀에 갇혀 버린다. 유연성과 융통성을 발휘할 수 없다. 대안적인 접근을 하지 못한다.

4) 불안과 두려움을 직면하고 관계에서 모험하라.

만약 당신이 부정적인 감정을 표출해 본 적이 없다면 표현해 보라. 만약 당신이 순응형이라면 솔직한 감정을 드러내는 것만으로도 큰 변화를 시도하는 것이다. 공격형의 사람에게 때로 화도 낼 수 있는 것이 변화로 나아가는 데 도움이 된다. 사람들에게 당신이 마냥 좋은 사람으로만 비치면 당신은 내면적으로 문제가 있다.

순응형의 사람이 솔직한 감정을 드러내었을 때 칭찬하고 수용하는 것은 그 사람이 새로운 관계 패턴으로 나아가도록 하는 데 힘이 된다. 상대방이 부정적인 이야기라도 솔직하게 말한다면 진실에 직면한 용기에 대해서 칭찬하라.

혹시 당신은 위장된 평화를 유지하고 있지는 않은가? 상처를 주고받는 것을 두려워하는가? 상대로부터 받은 상처를 계속 마음에 담고 있는가? 용서해 본 적이 있는가? 화해를 먼저 시도해 본 적이 있는가? 미안하다고 말해 본 적이 있는가? 고맙다고 말해 본 적이 있는가? 없다면 모험해 보라. 기대 이상의 긍정적인 경험을 하게 될 것이다.

5) 갈등과 불안을 인식하라.

전통적인 정신분석학은 불안의 근원을 심리 내면적인 갈등이라고 본다. 후기 정신분석학은 대인관계의 갈등이 불안의 원인이라고 본다.

불안을 방어기제로 자꾸 잠재우는 것은 결국 증상을 유발하는 결과를 가져온다. 갈등은 인식되어야 한다. 적절하게 다루어야 한다. 불안도 인식되어야 한다. 적절하게 대처해야 한다. 그래야 증상이 생기지 않는다. 가벼운 증상이면 그나마 괜찮지만 심각한 증상이 생기면 치료하기가 쉽지 않다.

갈등으로 인한 스트레스나 불안을 인위적으로 억누르면 결국 신체화(somatization) 증상으로 표현된다. 혼자서 끙끙 앓다가 몸이 아프게 되는 것이다. 그런데 놀랍게도 말로 표현하면 신체화 증상은 사명을 다했다고 여기고 사라질 때가 많다.

갈등을 무조건 회피하고 억압하는 것은 장기적으로 위험하다. 또한 사소한 갈등에도 싸움닭처럼 달려드는 것도 위험하다. 결혼 초기 부부간의 관계가 응집력 있게 형성되기 전에 부부 싸움을 자주 하는 것은 지혜롭지 못하다. 그렇다고 해서 안정을 위해 한쪽이 일방적으로 참고 지나가는 것은 틀로 굳어 버릴 위험성이 있다. 처음에는 어느 정도 방어기제를 사용할 수 있지만 방어기제를 자주 그리고 오랫동안 사용하면 나중에는 그 방어기제를 깨뜨리고 다른 대안적인 접근을 하기가 매우 어렵다. 싸우되 죄를 지을 수준으로 싸우지는 말아야 한다.

6) 퇴행과 고착은 하나님의 뜻이 아님을 명심하라.

하나님의 뜻은 당신이 앞으로 나아가는 것이다. 예수님은 쟁기를 잡고 뒤로 돌아보는 자는 하나님 나라에 적합하지 않다고 말씀하셨다 (눅 9:62). 일시적인 안정을 위해 뒤로 물러가서 침륜에 빠지는 것은 하나님 나라의 백성이 할 행동이 아니다. 걸림돌에 넘어졌더라도 다시 일어나면 된다. 칠전팔기의 정신으로 나아가는 것이 하나님이 원하시는 삶이다.

성숙한 사람도 일시적으로 위기에 빠지거나 넘어질 수 있다. 그러나 걸림돌을 디딤돌로 삼고 나아가는 자는 결국 성장하며 변화할 수 있다. 하나님은 모든 일을 합력해서 선을 이루시는 분이다. 걸림돌 경험조차도 유익하게 하신다. 걸림돌 자체를 두려워하거나 피하려고만 하지 말라.

실패 경험도 유익하다. 곤고함과 고난도 유익하다. 실패하지 않으려고 하거나 걸림돌에 걸려 넘어지지 않으려고 아예 움직이지 않는다면 그는 나태한 사람이다.

하나님이 사용하신 성경의 인물들은 대부분 실패와 역경 속에서도 믿음과 소망을 잃지 않고 앞으로 나아갔다. 다윗이 대표적인 인물이다. 그는 치명적인 간음죄와 살인죄를 저질렀지만 그것에 걸려 넘어져 영영 일어나지 못하는 자가 되지 않았다. 자신의 잘못을 직면하고 회개하고 징계도 달게 받았다. 하나님은 그를 다시 세우셨고 유다의 왕들 중에서 가장 존경받는 왕으로 회복시키셨다.

불안장애로 인해 집 안에만 있거나 사람들과 접촉하기를 꺼리는 것은 하나님의 뜻이 아니다. 상처를 조금 입더라도 사람들과 관계해야 한다. 평생을 당신의 삶에만 초점을 맞추고 살라고 하나님이 당신을 이 땅에 보내신 것이 아니다. 한계가 있지만 사람들과 어울리며 이웃을 섬기며 사랑하라고 당신을 보내셨다.

성인아이를 위한
전반적인 치유와 극복 방안

1) 성장기의 정신 역동적 이슈들이 현재의 대인관계에 어떻게 반복되고 있는지를 인식하라.

당신과 부모 간에 역동성의 특징이 무엇인지 탐색해 보라. 성장기에 가장 가까운 대상이던 부모는 당신의 모습을 비추어 주던 거울이다. 따라서 부모의 모습은 당신 안에 투영되어 내재화되어 있다. 당신과 부모의 관계의 특징이 타인과의 관계에서 어떻게 드러나는지를 살피는 것은 당신의 대인관계를 새롭게 인식하는 데 도움을 줄 것이다.

당신이 어릴 적 맺었던 관계에 대해서 다음의 질문들을 던져 보라.

"나의 부모는 어떤 분이셨는가?"

"부모님은 서로 어떤 관계였는가?"

"내가 아빠 엄마와 경험한 좋은 기억은 어떤 것인가?"

"나쁜 기억은 어떤 것인가?"

"형(오빠) 또는 누나(언니) 또는 동생들과의 관계는 어떠했는가?"

"혹시 내가 부모와 떨어져 살았던 적이 있는가?"

"아빠나 엄마 외에 나를 키워 준 사람이 있는가?"

"누가 나를 주로 업어 주었는가?"

"내가 울었을 때 누가 주로 달래 주었는가?"

"나는 엄마나 아빠와 심리적인 면에서 어떻게 닮았는가?"

"엄마와 아빠 중에서 누가 더 나와 친근한가?"

"왜?"

이와 같은 질문들과 씨름하다 보면 미처 기억하지 못했던 삶의 이야기가 파편적으로 생각날 것이다. 그러면 느껴 보지 못했던 감정에 접촉될 수도 있다.

어릴 때 경험한 부정적인 대상 경험은 현재 당신의 관계에 어떤 영향을 미치고 있을까? 다음의 질문들이 유용할 수 있다.

"어릴 때 나는 비웃음을 산 적이 있는가?"

"기억나는 부끄러운 일은 무엇인가?"

"공부 못한다고 혼난 적이 있는가?"

"왕따당하거나 무시당한 적이 있는가?"

"여자아이라고 차별당하거나 거절당한 적이 있는가?"

"남자라고 지나치게 기대를 받았는가?"

"나의 형제 순위가 어떤 의미가 있는가?"

"엄마 아빠가 싸운 적이 많았는가?"

"부모로부터 심하게 맞은 적이 있는가?"

2) 수용력과 행사력을 적절하게 사용하라.

대인관계에서 상대방에게서 좋은 영향을 받고 나쁜 영향을 걸러 내는 것이 필요하다. 상대방이 당신에게 끼치는 모든 영향을 '아멘' 하면서 받아들이면 안 된다.

성인은 적절한 수용력이 있어야 한다. 자기 생각이 있어서 타인의 생각을 걸러 내는 능력이 있어야 한다. 그래야 타인의 생각에 휘둘리지 않는다. 그리고 상대방에게 적극적으로 자신의 의견을 피력하는 행사력이 있어야 한다. 좋으면 좋다고, 싫으면 싫다고 말할 수 있어야 한다. 그러나 욕설하거나 폭력을 쓰는 행사력은 대인관계를 해친다.

적극적인 관점에서 보면 당신이 하는 선한 말과 힘 있는 말을 통해서 관계를 개선할 수 있다. 당신의 생각과 감정과 의지를 성숙하게 사용하여 당신과 접촉하는 이웃에게 빛과 소금의 역할을 하라. 이것은 하나님이 당신을 향한 뜻이다.

3) 가족관계를 재구조화하라.

순기능적인 가족관계를 유지하려면 각 구성원이 갖고 있는 힘을 서로 적절하게 인정해 주어야 한다. 각 구성원의 경계선을 존중하며 서로 심리적 거리를 적절하게 유지해야 한다. 일방적인 의사소통을 지양하고 상호적인 의사소통을 해야 한다.

부모와 성인 자녀는 심리적으로 경제적으로 구별짓기를 해야 건강한 관계로 성장할 수 있다. "네 부모를 떠나라"는 성경의 가르침은 남편과 아내 모두가 순종해야 할 귀한 원리다. 부모는 "네 자녀를 노엽게 하지 말라"는 성경의 가르침에 순종해서 자녀의 독립성을 인정하고 존중해야 할 것이다. 그럴 때 자녀가 건강한 결혼생활을 꾸려 나갈 수 있다.

자녀가 원가족이라는 둥지를 부담 없이 떠나갈 수 있도록 하려면 부모가 심리적으로 영적으로 성숙해야 한다. 부모의 부부관계에 대하여 불안한 마음을 여전히 갖고 있는 성인아이는 자신의 가정에 집중하기 어렵다. 결과적으로 또 다른 역기능 가정을 만들 위험성이 높다.

한국은 사회 문화적으로 성인 미혼 자녀가 부모로부터 떠나는 것이 쉽지 않다. 경제적으로 자녀에게 독립된 공간을 마련해 줄 여유가 있는 부모들은 많지 않다. 결국 같이 산다. 이것이 반드시 나쁘거나 비성경적인 것은 아니다.

문제는 결혼이 늦어지는 자녀들의 경우 심리적으로는 부모와 떨어지고 싶어 하면서도 그렇지 못한 현실로 인하여 갈등한다는 점이다.

이러지도 저러지도 못하는 것이다. 부모도 마찬가지다. 대안으로서 자녀와 부모가 위층과 아래층으로 따로 살면서 이따금씩 시간을 같이 보내는 방법을 택하는 가정도 있다. 그나마 여유가 있는 가정이다.

자녀 양육 문제로 부부가 갈라서는 것은 어리석다. 자녀와의 관계에서 부모가 삼각구도에 빠지지 않아야 한다. 부모는 한 팀이다.

자녀에게 집착하는 것은 부부간의 관계에 문제가 있음을 말해 주는 증상이다. 아빠는 딸, 엄마는 아들과 정서적으로 제휴를 맺고 편애하는 것은 부부관계가 역기능적임을 말해 주는 증상이다.

구별이 되지 않을 만큼 둘이 하나처럼 사는 것을 '공생'(symbiosis)이라고 부른다. 생태계에는 공생하거나 기생하는 식물과 동물들이 더러 있다. 그러나 인간관계에서 공생 관계나 기생 관계는 매우 역기능적이다. 개체성과 독립성이 확보되지 않기 때문이다. 엄마와 아이가 지나치게 서로 연결되어 있는 것은 바람직하지 않다. 부부가 공생 관계라면 그것은 결코 건강한 관계가 아니다. 극단적인 경우에 한 사람이 죽으면 같이 따라 죽는다. 종종 노년에 동반 자살하는 부부들을 매스컴을 통해 보게 된다. 실제로는 더 많다. 사실 이것은 죄이기도 하지만 역기능적 관계로 인한 결과다.

개별화 또는 개성화는 하나님의 뜻이다. 기독교 신앙은 공동체적이기도 하지만 일차적으로 개인적이며 개별적이다. 아내가 믿음이 좋다고 해서 불신자인 남편이 자동으로 천국에 가는 것이 아니다. 부모의 신앙이 좋다고 해서 자녀가 예수님을 믿지 않아도 구원받는 것이 아니다. 하나님은 각자가 하나님과 개별적인 관계를 맺으면서도 '서로 서로' 관계하기를 원하신다.

4) 당신의 변화가 가족에게 영향을 준다는 사실을 인식하라.

천장에 매달린 모빌은 가족 시스템을 설명하는 데 탁월한 메타포다. 모빌의 한 부분을 건드리면 모빌 전체가 움직인다. 어느 한 부분의 변화가 전체 시스템에 파급 효과를 일으킨다. 서로 유기적으로 연결되어 있기 때문이다.

이처럼 가족 시스템의 관점에서 볼 때 당신 자신의 변화는 전체 가족 구성원에게 알게 모르게 영향을 끼친다. 당신이 결혼한 사람이라면 부부 관계에서 변화를 시도해 보라. 그러면 자녀들에게 변화가 나타날 것이다. 교회 공동체도 마찬가지다. 한 교인 가정의 변화는 교회 전체에 영향을 줄 수 있다.

5) 결혼 전에 상대방의 가계도를 살펴보라.

가족치료사들은 상담할 때 가계도를 활용한다. 가계도를 그리면 적어도 3대에 걸친 가계의 관계 특성이 드러나게 된다. 성경에 등장하는 가계에서도 흥미로운 현상을 찾아볼 수 있다. 아브라함과 사라의 관계, 이삭과 리브가의 관계에서 흥미로운 평행 과정이 드러난다. 이삭이 야곱과 에서를 축복하는 패턴과 야곱이 그의 아들 요셉의 둘째 아들인 에브라임에게 오른손을 얹고 첫째인 므낫세에게 왼손을 얹어 축복하는 장면에서 동생이 형보다 앞서 축복을 받는 패턴을 볼 수 있다. 이와 같이 심리적 특징이나 영적 특징들이 세대로 전수되어 반복될 때가 많다.

따라서 당신이 혹시 미혼이라면 결혼 전에 상대방의 성격이나 가족 관계를 살피는 것이 매우 중요하다. 상대방이 그의 부모와 맺는 관계, 그의 형제자매와 맺는 관계, 조부모와 부모가 맺은(또는 맺는) 관계를 살피는 것은 현재와 미래에 상대방이 당신과 맺게 될 관계를 이해하는 데 매우 유익하다.

결혼을 결정하기 전에 상대방 원가족의 상호적인 관계와 역동성을 알고 이해하는 것은 지혜로운 일이다. 상대가 진공 상태에서 생겨난 존재가 아니고 원가족과 오랜 관계 경험을 내면화해 온 삶의 역사를 가진 존재이기 때문이다. 겉으로는 좋아 보이는 사람이라도 내면적으로는 관계에서 여러 가지 역기능성을 갖고 있을 수 있다는 점을 고려하고 결정하는 것이 지혜롭다.

6) 꿈의 세계에 관심을 가지라.

꿈에 종종 미해결된 관계 경험이 상징적으로 또는 실제적으로 나타날 수 있다. 꿈은 종종 성장기에 부모와의 관계에서 미해결된 과제가 무의식화되어 반복적으로 나타난다. 그래서 과거의 정신 역동적 관계를 인식시키거나 치료하는 정신적 작용으로서 기능한다. 이런 꿈은 자주 어린 시절을 배경으로 할 때가 많다. 예를 들면, 꿈속에서 어린 아이로서 여전히 엄마에게 통제당하는 꿈을 꾸는 경우다. 결혼을 했음에도 불구하고 계속 선보러 다니는 것도 퇴행적인 꿈이다.

아울러 꿈은 상담 관계에서 상담사와 내담자 사이에서 일어나는 전이와 역전이의 역동성을 알아차리는 주요 수단이 될 수 있다. 전이적인 꿈은 내담자의 꿈속에 상담자가 긍정적인 감정이나 부정적인 감정을 일으키면서 등장하는 것이다. 상담 과정의 역동성이 꿈으로 드러나는 경우다. 반대로 역전이적인 꿈은 상담사의 꿈속에 내담자가 등장하는 것이다. 상담사가 채 인식하지 못하는 내담자를 향하는 감정이나 태도가 꿈속에서 표현됨으로 상담자 내면에서 일어나는 역동성을 자각하게 하는 데 도움을 주는 꿈이다.

7) 독서치료 방법을 활용하라.

당신이 겪은 삶의 이야기와 비슷한 경험을 한 저자의 책들을 읽는 것은 대인관계를 이해하는 데 도움이 된다. 걸림돌을 이해하는 데도 도움이 된다. 이 책이 당신에게 그런 책이 되길 바란다. 인간의 마음 세계를 다루는 책은 당신에게 고통의 보편성을 깨닫게 하며 외로움과 혼란감을 극복하는 데 도움을 줄 수 있다. 구체적인 치료 방법을 찾는 데도 도움이 될 것이다.

하나님이 사용하신

성경의 인물들은

대부분 실패와 역경 속에서도

믿음과 소망을 잃지 않고

앞으로 나아갔다.

걸림돌이 없다면
성장도 없다

강해설교자로 알려진 대구동부교회의 김서택 목사가 그의 설교 중에서 천사는 'non-body 천사'이지만 성도는 'body 천사'라고 표현한 것이 기억난다. 하나님의 뜻을 이루는 채널로서 도움이 필요한 자에게 다가가서 관계한다면 그 관계는 참으로 귀하다. 예수님이 재림하시는 날에 양과 염소의 무리를 구별 짓는 기준은 대인관계에서 "지극히 작은 자 하나에게 한 것"이 있는지 여부였다(마 25:40, 45). 주리거나 목마르거나 나그네 된 사람에게 베푼 사랑과 긍휼을 예수님은 자신에게 한 것으로 동일시하신다. 헐벗었거나 병들었거나 옥에 갇힌 자에게 베푼 사랑과 자비를 자신에게 한 것으로 동일시하신다.

이와 같이 당신이 맺는 대인관계는 예수님과 관련된다. 특히 도움이 필요한 이웃과 연결되는 관계는 더욱 그렇다.

선한 사마리아인이 강도 만난 사람과 맺은 관계가 이와 같은 관계다(눅 10:25-37 참조). 제사장과 레위인은 그 사람을 "보고 피하여 지나"갔다(눅 10:31, 32). 보았지만 불쌍히 여기지 않았다. 그 사람과 관계하지 않았다. 그러나 선한 사마리아인은 유대인과 상종하지 않는 사회 문화적 관습과 종교적 장벽을 뛰어넘어 강도 만난 자의 이웃이 되었다. 그는 "보고 불쌍히 여겼다"(눅 10:33). 자신의 자비를 털어 생면부지의 사람을 위한 치료비로 사용했다. 응급조치를 하며 강도 만난 자의 생명을 구하는 것을 주저하지 않았다.

선한 사마리아인은 도움이 필요한 자를 공감할 수 있는 마음의 소유자였다. 이 마음은 예수님의 마음이다. 낮고 낮은 자리까지 찾아오신 예수님의 마음이다.

따뜻한 말 한마디, 따스한 눈길과 미소, 또는 국밥 한 그릇으로 족하다. 도움이 필요한 자에게 제공하는 만남이 비록 한 번의 만남으로 끝난다고 할지라도 그 만남은 '섭리적 만남'이다.

도움이 필요한 자에게 관심을 표현하는 사람이나 그에게 무관심한 사람 모두 하나님과 연결된다고 성경은 가르친다: "가난한 사람을 학대하는 자는 그를 지으신 이를 멸시하는 자요 궁핍한 사람을 불쌍히 여기는 자는 주를 공경하는 자니라"(잠 14:31); "가난한 자를 조롱하는 자는 그를 지으신 주를 멸시하는 자요 사람의 재앙을 기뻐하는 자는 형벌을 면하지 못할 자니라"(잠 17:5); "가난한 자를 불쌍히 여기는 것은 여호와께 꾸어 드리는 것이니 그의 선행을 그에게 갚아 주시리라"(잠 19:17).

대인관계에서 보이지 않는 하나님의 임재를 인식하는 눈이 필요하다. 성경은 "네 손이 선을 베풀 힘이 있거든 마땅히 받을 자에게 베풀기를 아끼지 말"(잠 3:27)라고 권면한다. 하나님은 이런 자의 손을 주목하신다.

하나님은 야곱의 후손인 이스라엘과 유다가 멸망하는 날에 에서의 후손인 에돔 사람들이 오히려 기뻐하며 방관하는 모습을 주목하셨다. 마침내 그들에게 그 죄를 물으셨고 심판을 선포하셨다(옵 1:10-14 참조).

현대인들은 자신의 유익을 추구하는 대인관계를 맺는다. 그러나 성경은 당신에게 이웃을 유익하게 하는 대인관계를 맺으라고 권면한다.

이웃 사랑은 큰 것이 아니다. 목마른 자에게 마실 물을 주는 사랑이면 된다. 지구상에 굶어 죽는 사람들이 여전히 많다. 당신이 그들의 기아 문제를 다 해결해 줄 수는 없다. 그러나 가까운 가족에게, 가까운 사람에게, 삶의 활동 반경에서 만나는 사람에게 긍휼과 자비를 베풀 수는 있다. 이렇게 대인관계를 하는 믿는 자들이 많아지면 세상은 지금보다 더 밝아질 것이다. 더 아름다워질 것이다.

우리는 다 한계가 있는 존재다. 모든 대인관계에서 잘할 수는 없다. 한두 명이라도 관심을 갖고 대하자. 한두 명이라도 용서하면서 살자. 한두 명에게라도 주님의 사랑을 베푸는 삶을 산다면 당신의 삶은 의미가 있다. 가치가 있다.

'신전의식'(Coram Deo)을 갖지 못하면 대인관계에서 죄를 지을 수 있는 위험성이 있다. "여호와의 눈은 어디서든지 악인과 선인을 감찰하시느니라"(잠 15:3)는 말씀에서 알 수 있듯이 하나님은 당신의 일거수일투족을 관심 있게 보고 계신다는 사실을 잊지 말라. 아버지의 집을 떠나 먼 애굽 땅까지 종으로 팔려 간 요셉은 아무도 자신의 존재를 알지 못하는 그곳에서도 하나님이 동행하시며 임재하심을 인식했다. 그 인식이 무서운 성적 유혹 앞에서도 넘어지지 않도록 그를 지켜 주었다. 그는 "내가 어찌 이 큰 악을 행하여 하나님께 죄를 지으리이까"(창 39:9)라고 담대하게 말했다.

비록 여주인의 거짓말과 모함으로 감옥에 갇히는 신세가 되었지만 요셉은 옥에서도 그의 신실성을 인정받았다. 간수장이 그의 됨됨이를 믿어서 그에게 옥사를 위임한 것이다. 그 정도로 요셉은 대인관계에서 신뢰감을 주는 인품과 삶의 자세를 갖고 있었다. 그러나 가장 중요한 사실은 그가 '하나님 앞에서'(Coram Deo) 살고 있다는 인식과 믿음을 갖고 있었다는 것이다.

'조하리의 창'(Johari's Window)이라는 개념과 그림은 심리학자인 조셉 러프트(Joseph Luft)와 해리 잉햄(Harry Ingham)이 고안한 것이다. 그들의 이름인 Joe와 Harry를 따서 '조하리의 창'이라는 이름을 붙인 것이다. 그들은 어떤 사람이 타인 또는 외부와 맺는 관계에서 자기 개방의 정도와 타인의 피드백 수용 정도, 그리고 무의식의 영역에 대해서 네 가지로 나누어 설명했다. 이 창문 개념은 모든 대인관계에 적용될 수 있는 단순하면서도 통찰을 주는 개념이다.

구체적으로 이해하려면 창문을 연상하면 된다. 사각형의 창문 모양을 4등분하면 4개의 구역으로 나뉠 것이다.

I의 영역은 자신도 알고 타인도 알고 있는 영역에서 대인관계를 하는 것을 의미한다. 일상적이며 기본적인 영역의 대인관계다. 그러나 이 영역에만 머무르면 관계는 진전이 없다.

II의 영역은 자신은 알고 있지만 타인은 모르는 영역이다. 소위 개인의 비밀스러운 영역이다. 때로는 수치스럽게 여기는 영역이다. 대인관계가 성장하려면 이 영역을 조금씩 넓혀 가야 한다. 그래야 친밀감이 싹튼다. 그러나 자기의 유익을 위하여 자신의 비밀을 개방하는 것은 관계에서 상대방에게 별로 유익하지 않다. 자기 개방을 개념 없이 지나치게 많이 하거나 장소와 시간 그리고 대상을 구별하지 않고 하는 것은 자아(ego)의 기능이 건강하지 못함을 말해 주는 병리 증상이다. 진실을 말한답시고 앞뒤를 가리지 않고 말하는 것도 유아적이다.

　III의 영역은 자신은 인식하지 못하지만 타인이 보고 알고 있는 영역이다. 성장하려면 타인이 솔직하게 말해 주는 피드백을 수용해서 고민할 필요가 있다. 피드백이 정확하다면 변화하도록 노력해야 한다. 그렇게 할 때 주변 사람들이 솔직한 말을 해준다. 주변 사람들이 주는 피드백을 경청하는 것이 대인관계에서 유익을 얻는 길이다. "미련한 자는 자기 행위를 바른 줄로 여기나 지혜로운 자는 권고를 듣느니라"(잠 12:15)는 말씀은 심리학적으로 통찰이 담긴 말씀이다. III의 영역에서 변화가 없는 사람은 미련하고 어리석다. 좋은 약은 입에 쓰지만 몸에는 좋으며 신실한 말은 듣기에는 거북해도 행함에는 유익하다는 말은 여전히 유효하다.

　IV의 영역은 자신도 모르고 타인도 모르는 영역이다. 소위 무의식의 영역이다.

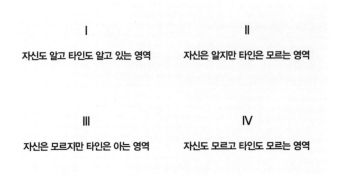

I 자신도 알고 타인도 알고 있는 영역	**II** 자신은 알지만 타인은 모르는 영역
III 자신은 모르지만 타인은 아는 영역	**IV** 자신도 모르고 타인도 모르는 영역

조하리의 창

대인관계를 통해 II와 III의 영역이 줄어들면 IV의 영역까지 줄어들 수 있다. "철이 철을 날카롭게 하는 것" 같이 만남과 나눔, 그리고 피드백의 과정을 통해 미처 몰랐던 자신의 모습을 인식할 수 있다. 그러면 전체적으로 I의 지평이 점점 넓어질 것이다. 그렇게 되면 대인관계의 폭이 넓어지며 깊이가 더해진다. 조하리의 창 개념은 개인 상담은 물론 집단 상담에서도 유용한 개념이다. 그리고 모든 인간관계를 이해하는 데 유익한 도구다.

가난해도 우애와 사랑이 경험되는 부부관계가 아름답다. 아무리 돈이 많아 화려하게 집을 꾸미고 비싼 외제차를 탈지라도 다툼과 갈등이 심한 부부관계라면 사는 것이 고통이며 지옥이다. 솔로몬은 자신의 경험을 토대로 다음과 같이 교훈했다: "채소를 먹으며 서로 사랑하는 것이 살진 소를 먹으며 서로 미워하는 것보다 나으니라"(잠 15:17); "마른 떡 한 조각만 있고도 화목하는 것이 제육이 집에 가득하고도 다투는 것보다 나으니라"(잠 17:1). 그는 왕으로서 아내가 천 명이나 되는 특이한 결혼생활을 했다. 잠언에 그의 결혼생활이 행복하지 않았음을 시사하는 표현이 종종 등장한다: "다투는 여인과 함께 큰 집에서 사는 것보다 움막에서 사는 것이 나으니라"(잠 21:9, 잠 25:24); "다투며 성내는 여인과 함께 사는 것보다 광야에서 사는 것이 나으니라"(잠 21:19).

결혼관계는 희노애락과 양면성을 포함한다. 이 현실을 수용하며 결혼관계에서 수반되는 갈등과 아픔을 통해 각자가 성장하는 것이 하나님의 뜻이다. 결혼관계가 항상 좋을 수는 없다. 맑은 날이 있으면 흐린 날이 있다. 한 치 앞이 안 보이는 날이 있고 행복하게 느껴지는 날이 있다. 솔로몬은 이 진리를 다음과 같이 잘 표현했다: "울 때가 있고 웃을 때가 있으며… 안을 때가 있고 안을 일을 멀리 할 때가 있으며… 잠잠할 때가 있고 말할 때가 있으며 사랑할 때가 있고 미워할 때가 있으며 전쟁할 때가 있고 평화할 때가 있느니라"(전 3:4-8).

독신의 한계는 자신의 문제를 객관적으로 인식하기가 어렵다는 데 있다. 가장 가까운 배우자가 피드백해 줄 수 있는 기회가 없기 때문이다. 그럼에도 불구하고 독신자는 친밀한 친구 관계를 통해, 또는 심리 치료 관계를 통해 자신을 객관적으로 인식하는 데 도움을 얻을 수 있다. 더 나아가 성경 말씀을 통해 자신을 비추어 볼 수 있다.

가족관계에 대해서 짧게 덧붙이고 싶은 말이 있다. 가족관계에서 불필요한 갈등을 줄이는 방법 중의 하나는 당신과의 관계에서 누가 제일 중요한지를 정하는 것이다. 당신이 만약 기혼자라면 부부관계를 부모 관계보다 우선순위에 놓아야 성경적인 가르침에 순종하는 것이다. 부모와 잘 지내기 위해서 배우자와의 관계를 희생하거나 포기하는 사람들이 간혹 있다. 어리석고 미성숙한 사람들이다. 결혼한 후에는 일차적으로 헌신하는 관계를 맺어야 할 대상은 배우자다.

부모 자녀 관계에서도 부부관계에 일차적인 우선순위를 두어야 한다. 부부관계가 건강할 때 자녀와의 관계가 건강해진다. 배우자보다 자녀에게 더 헌신한다면 그것은 부부관계에 문제가 있음을 말해 주는 증상이다.

하나님은 당신이 관계를 통해 성장하길 원하신다. 서로 돕고 살기를 원하신다. 백짓장도 맞들면 낫다는 말은 성경적이다: "두 사람이 한 사람보다 나음은 그들이 수고함으로 좋은 상을 얻을 것임이라 혹시 그들이 넘어지면 하나가 그 동무를 붙들어 일으키려니와 홀로 있어 넘어지고 붙들어 일으킬 자가 없는 자에게는 화가 있으리라"(전 4:9-10); "한 사람이면 패하겠거니와 두 사람이면 맞설 수 있나니 세 겹 줄은 쉽게 끊어지지 아니하느니라"(전 4:12).

하나님은 당신이 사람들과의 관계에서 궁극적으로 만족하는 것을 원하지 않으신다. 일차적으로 하나님과 당신의 관계가 회복되길 원하신다. 당신이 "주 예수보다 더 귀한 것은 없네"라는 찬송을 진심으로 부를 수 있게 되길 원하신다.

성도는 직접 만나야만 관계할 수 있는 것이 아니다. 얼굴도 모르지만 해외에 나가서 선교하는 선교사들과도 기도를 통해 눈에 보이지 않는 관계를 맺을 수 있다. 두세 사람이 주의 이름으로 모이는 곳에 주의 영이 임재하며 능력이 일어난다. 베드로가 옥에 갇혔을 때 예루살렘 교회 성도들은 모여 그를 위해서 기도하고 있었다(행 12:5 참조). 그날 베드로에게 천사가 나타나 그를 구출하는 기적이 일어났다.

"당신이 지쳐서 기도할 수 없고 눈물이 빗물처럼 흘러내릴 때 주님은 우리 연약함을 아시고 사랑으로 인도하시네. 누군가 널 위하여 누군가 기도하네. 네가 홀로 외로워서 마음이 무너질 때 누군가 널 위해

기도하네"라는 찬송 가사는 관계 경험을 갈망하는 성도에게 큰 위로를 준다. 당신의 영원한 대제사장이신 예수님은 당신을 위해서 기도하신다. 당신의 마음에 내주하시는 성령 하나님이 말할 수 없는 탄식으로 대신 기도하신다. 이 사실을 의식화하라. 새로운 힘이 생길 것이다. 무명의 기도 후원자들이 당신을 위한 기도의 전파망에 연결되어 기도하고 있다는 사실을 인식하라. 소망이 생길 것이다.

이 책을 읽은 당신에게 꼭 하고 싶은 말이 있다. 그것은 세상의 모든 대인관계들에서 버림받는 극단적인 경우에도 예수님과의 관계는 견고하며 불변하다는 믿음을 잃지 말라는 것이다. 아무리 외롭고 힘든 환경에 처해 있다고 할지라도 하늘로부터 당신의 머리에 생명줄이 연결되어 있음을 기억하길 바란다. 만에 하나 자살하고 싶은 마음이 들 때라도 예수님의 사랑이 당신을 붙들고 있음을 꼭 기억하길 바란다.

이 땅에서 우리가 맺는 대인관계에서 어느 정도 불안하고 긴장되는 것은 정상이다. 불안이 전혀 없을 수 없다. 그러나 천국에서 성도들은 대인관계에서 조금도 불안을 경험하지 않을 것이다. 야생동물들이 공존하고 독사 굴에 손을 넣어도 독사가 손을 물지 않는 모습은 불안이 전혀 없는 천국의 모습을 잘 묘사하는 메타포다. 천국에서는 사회 불안이 전혀 없을 것이다. 대인관계에서 거치는 것이 없을 것이다. 무엇을 말할까, 어떻게 말할까, 어떻게 들을까 염려하지 않아도 될 것이다. 오해 받을 일조차 없을 것이다. 모두가 사랑스러울 것이다.

그러나 그 나라에 가기까지는 이 땅에서 당신은 관계의 어려움을 어느 정도 겪을 수밖에 없다. 관계의 어려움이 때로는 하나님께 더 가까이 가며 사람에게 목숨 걸지 않게 하는 기회가 될 것이다. 심리적으로 영적으로 성장하는 기회가 될 것이다. 그런 점에서 관계의 어려움과 고통은 반드시 제거되어야 할 걸림돌이 아니라 당신의 삶에 디딤돌이 될 수 있다.